「確かな学力」が育つ

企業とつくる授業

藤川 大祐 Daisuke Fujikawa （千葉大学助教授）編

NPO法人 企業教育研究会 著

学力向上アクションプラン
「NPO等と学校教育との連携のあり方」の実践研究

はじめに

子どもたちが大きな夢を持てるように
それを実現できる生きる力を持てるように

企業等その道のプロの方とふれあう授業を提案します
学校内だけでは出会えない**リアルな社会との出会い**

子どもの新たなる夢・子どもの新たなる可能性を
見出すきっかけをつくりたい
そのために
企業と学校をつなぐ**架け橋**となります
新時代にふさわしい
授業実践を開発する研究会

それがACE(エース)です

本書は、NPO法人企業教育研究会(ACE)[1]が企業と連携して開発した授業実践を提案するものです。本書を参考に、各地の学校で新たな授業が実践されることを願っています。

もくじ

第1章 Hop
「企業とつくる授業」のすすめ

1 なぜ「企業とつくる授業」か ―――― 8
2 企業教育研究会の概要 ―――― 9
3 「学力向上アクションプラン」の中で ―――― 12
4 授業実施のために ―――― 15

第2章 Step
「企業とつくる授業」をどのように開発するか

1 「人」を媒介とした授業 ―――― 21
2 「利他的な夢」にふれる ―――― 23
3 「認められたい」という欲求 ―――― 27
4 「正式な依頼」という手法 ―――― 30
5 コミュニケーション能力の重視 ―――― 32
6 新しい授業づくりに向けて ―――― 35

Contents
企業とつくる授業

第3章 and Jump 実践事例 ワークシートつき

1. 環境のことを考えて **未来の自動車をプロデュース！** ——— 48
   ダイハツ工業株式会社

2. 見てもらうことを意識して **学校紹介ポスターを作ろう！** ——— 58
   株式会社 アサツー ディ・ケイ

3. **シャンプーの新商品を考えよう！** ——— 68
   株式会社 エフティ資生堂

4. アップとルーズを考えて **デジタルカメラを使おう！** ——— 80
   キヤノン販売株式会社

5. クイズで学ぶ輸入食品 **パスタはどんな旅をしてきたの？** ——— 88
   株式会社 明治屋

6. 福祉とコンピュータ **技術で創るバリアフリー社会** ——— 100
   日本電気株式会社（NEC）

7. インタビューのプロ・テレビ記者に学ぶ **「つっこみインタビュー」のコツを身につけよう！** ——— 116

8. 自転車発電機を使ったエネルギー教育 **電気をつくろう！** ——— 126
   有限会社 ピー・ティー・ピー（PTP）

9. 未来の技術で考える環境問題 **FOMAのテレビ電話を使って取材しよう！** ——— 134
   株式会社 NTTドコモ　株式会社 イトーキ　富士通株式会社
   東日本旅客鉄道株式会社（JR東日本）　本田技研工業株式会社

協力企業紹介 ——— 145

協力企業

株式会社 アサツー ディ・ケイ（ADK）
株式会社 イトーキ
株式会社 NTT ドコモ
株式会社 エフティ資生堂
キヤノン販売株式会社
ダイハツ工業株式会社
日本電気株式会社（NEC）
有限会社 ピー・ティー・ピー（PTP）
東日本旅客鉄道株式会社（JR東日本）
富士通株式会社
本田技研工業株式会社
株式会社 明 治 屋

（50音順）

第1章 Hop

「企業とつくる授業」のすすめ

1 なぜ「企業とつくる授業」か
2 企業教育研究会の概要
3 「学力向上アクションプラン」の中で
4 授業実施のために

1 なぜ「企業とつくる授業」か

　時代の変化に伴って、学校には新しい授業実践の導入が求められている。国際社会化、高度情報化、少子高齢化といった時代の変化に対応して、学校は次々と新しい授業に取り組んでいかなければならない。

　だが、教師たちの力のみによって新しい授業を開発することは、難しい。教師の仕事は多忙であり、日常の授業、生徒指導、校務分掌等をこなすだけで精一杯という教師が多い。教師個人の努力にすべてを委ねるのでなく、学校外の者の力を借りるという発想が必要であろう。

　もちろん、学校外の者と連携した授業づくりは、すでにさまざまな形でなされている。私が直接かかわっているものだけでも、次のような例がある。

- ディベートの専門家の協力を得て、ディベートを授業に導入する[2]
- アーティストを小学校に派遣し、現場教師と協同してワークショップ型授業をおこなう[3]
- テレビ局等のメディア関係者と連携し、メディアについての授業を開発する[4]

　このような試みがなされる中で、まだ十分になされていると言えないのが、企業と連携した授業づくりである。もちろん、社会科見学で企業の工場を見学したり、中学生が職業体験学習をしたりといった流れは、すでにある。だが、日本国内だけでも企業の数は膨大だ。まだまだ、企業と連携して授業をおこなう可能性は多く残されている。

　こうした状況をふまえて私たちが発足させたのが、NPO法人企業教育研究会（略称ACE）である。

2 企業教育研究会の概要

　私が理事長をつとめるACEは、2002年春に団体として発足し、2003年3月に千葉県から認証されたNPO法人だ。NPO法人とは、ボランティア活動等をおこなう民間の非営利団体（NPO）のうち、所定の手続きを経て国または都道府県によって認証された団体を言う。[5]

　ACEは発足時のスタッフの大半が千葉大学教育学部の学生という、若々しい団体である。教員養成課程で教育について学ぶ中で、大学から飛び出して企業や学校に積極的にかかわりたいという熱意にあふれる者たちが、自分たちの学習でもあり社会貢献でもある活動に、取り組んでいる。スタッフたちは大学の授業で授業づくりの基礎を学び、ACEの活動では実践を通して学んでいる。

　ACEでは、活動の目的を次のように定めている。[6]

> 　この法人は、子どもの健全育成のために企業とのパートナーシップを形成し、環境の保全や国際協力、メディアリテラシーといった総合的な学習の時間及び一般教科に関する内容の授業実践や教材開発などの事業をおこない、広く教育実践に寄与することを目的とする。

　NPO法人はすでに数多いが、ACEのように学校教育への貢献を主目的にした法人は少なく、しかも教科・領域を絞らずに授業づくり一般を活動の対象としている法人は非常に珍しい。だが、子どもの健全育成のために学校の授業を改善することは重要であるはずで、こうした法人がもっとずっと増えてよい。

ACEの学生スタッフたちは、学校と企業をつなぐコーディネーター役を担っている。企業が学校教育に貢献することは誰も否定しないと思われるかもしれないが、企業が直接学校にかかわろうとすると困難が生じる。学校から見ると、企業が商品や企業自体の宣伝をしようとしているのではないかという疑念が生じるし、企業から見ると、学校の事情がわからず戸惑うことになる。そこでACEでは、下図のような考え方で、学校、企業、学生の三者をつなぐことを活動の基本に置いている。

```
                      学 校
         実践の機会を得る  授業実践の支援  社会とのふれあい
         若い人材の活用              健全な企業理解を得る
                      ACE
         学習の場の提供        教育貢献への支援
    学 生 ←実社会とのふれあい→ 企 業
         ←若い世代の発想にふれる←
```

誰もが教育に貢献する社会

ACEの学生スタッフが間に入ることは、学校にも企業にもメリットとなる。学校にとっては、非営利団体のメンバーであり教員免許取得予定の学生が学校にかかわることに、ほとんど抵抗がない。企業にとっては、学校とのやりとりの煩雑さに振り回されずに学校教育への貢献がおこなえる。さらに学生にとっては生きた勉強ができるということで、学校、企業、学生の三者それぞれにメリットが生じることになる。

　こうした活動は、わざわざNPO法人などつくらずに、大学の活動としておこなえばよいではないかと思われるかもしれない。だが、純粋に大学の活動としてしまうと、学生が学校や企業と折衝する際に、十分な信頼を得ることは難しい。学生が大学の活動に参加する場合には、未熟であることが前提となり、学生本人にもどうしても甘えが出る。学校や企業から見れば、責任が不明確と見られるであろう。学生としてではなく、公的に認められたNPO法人のスタッフとして活動することで、本人も責任感をもち、学校や企業からも信頼されることになる。実際、ACEのスタッフたちは、単なる「学習」ではなく、「仕事」としてACEの活動に取り組んでいるように見える。

3 「学力向上アクションプラン」の中で

　ACEの活動は、文部科学省が進める「学力向上アクションプラン」とのかかわりがある。文部科学省は、「学力向上フロンティア事業」、「スーパーサイエンスハイスクール」、「学習意欲向上のための総合的戦略」、「『英語が使える日本人』の育成」のための戦略構想等の諸政策を、「学力向上アクションプラン」として進めている。

　ACEがかかわるのは、このうち「学力の質の向上」策の一つとして進められている「NPO等と学校教育との連携のあり方についての実践研究事業」である。この事業は、子どもたちの「確かな学力」向上に資するためNPOと学校との連携のあり方や、それに対する教育委員会の支援のあり方等について実践的な研究をおこなう事業で、全国約20の地域が指定されている。この中で、千葉県旭市が「企業と協力した授業づくり」をテーマに指定されており、旭市教育委員会、旭市立琴田小学校、旭市立富浦小学校、そしてACEが連携してこの研究に取り組んでいる。

　この事業を含めた「学力の質の向上」の政策には、図のように「学ぶことの楽しさを体験させ、学習意欲を高めるとともに、学びの質を向上させる」という言葉が付されている。新しい授業の開発を学校の教師たちのみに課さずに、広くNPO等の協力を得ようという姿勢が見られる。

　ACEではいくつかの学校で授業をやらせていただいているが、この事業にかかわらせていただいているため、とりわけ千葉県旭市の小学校2校で継続的にさまざまな試みを重ねている。両校の先生方からさまざまな要望を出していただく一方で、ACE側からも新しい授業の提案をおこない、教育委員会からも適切な助言をいただきながら実践をおこなっている。

文部科学省では、「確かな学力」向上のため、平成15年度より「学力向上アクションプラン」を実施いたします。

個に応じた指導の充実
～習熟度別指導などのきめ細かな指導を実現～

- 学力向上フロンティア事業（拡充）
  - 拠点校数の拡大（1地域18校→36校）
  - 成果の普及を支援
- 学力向上フロンティアハイスクール事業（新規）
  - 特色ある教育活動の収集・分析・提供
  - モデル地域を指定し、取組の成果を全国に普及
- 放課後学習チューターの配置等に係る調査研究（新規）
  - 意欲・情熱を持った教員志望者等が放課後に個別指導
- 学習指導カウンセラー派遣事業（新規）
  - 全国的な学力調査等の問題を活用して、学力を把握
  - 研究者等の派遣により、自己点検・自己評価を支援
- 新しい評価の普及・定着（新規）
  - パンフレットの作成配布、モデル地域事業の実施、調査書の客観性・信頼性の向上　など

個性・能力の伸長
～特定分野において卓越した人材を育成～

- スーパーサイエンスハイスクール（拡充）
  （平成14年度26校→平成15年度52校）
- スーパー・イングリッシュ・ランゲージ・ハイスクール（拡充）
  （平成14年度16校→平成15年度50校）

確かな学力の向上
- 揺るぎない基礎・基本
- 思考力、表現力、問題解決能力
- 生涯にわたって学び続ける意欲
- 得意分野の伸張
- 旺盛な知的好奇心、探求心

学力の質の向上
～学ぶことの楽しさを体験させ、学習意欲を高めるとともに、学びの質を向上させる～

- 「総合的な学習の時間」推進事業（新規）
  - 「総合的な学習の時間」モデル事業
  - NPO等と学校教育との連携の在り方についての実践研究事業
  - 各学校が参考にしうる学習プログラムの開発
- 学習意欲向上のための総合的戦略（新規）
  - 「その道の達人」（仮称）派遣事業
  - 学習内容と日常生活との関連性の研究
  - 「学びんピック」（仮称）の開催　など
- 理科大好きスクール（新規）

英語力・国語力の増進
～英語によるコミュニケーション能力の飛躍的向上とその基礎となる国語力の推進～

- 「英語が使える日本人」の育成のための戦略構想
  - 英語教員の資質向上のための研修（新規）
  - スーパー・イングリッシュ・ランゲージ・ハイスクール（再掲）
  - 高校生の留学促進（新規）
- 国語力向上推進事業（新規）
  - 国語指導力向上講座
  - 国語力向上モデル事業

全国的かつ総合的な学力調査等の実施
- 施策の成果を把握するための調査を充実
- 施策の推進・改善にフィードバック

文部科学省ホームページより　（URL http://www.mext.go.jp/a_menu/shotou/actionplan/main.htm）

両校にかかわる主な取り組みは、以下の通りである。（2003年度）

5月 1日	文部科学省による指定決定	
5月15日	富浦小でインタビューの授業（テレビ報道記者と連携）[7]	
6月10日	琴田小で写真についての授業（写真家と連携）	
6月13日	琴田小授業支援（外国とのテレビ会議）	
7月 4日	富浦小で食品輸入の授業（明治屋と連携）[8]	
9月18日	琴田小授業支援（デジタルカメラの活用）[9]	
9月26日	琴田小授業支援（コンピュータの活用）	
10月17日	琴田小公開研究会	
	・授業支援（デジタルカメラの活用）	
	・授業支援（外国とのテレビ会議）	
	・藤川による講演	
10月〜11月	琴田小・富浦小で「コンピュータと福祉」の授業（NECと連携）[10]	
11月11日	富浦小で読書の授業（教育同人社と連携）	
2月 6日	富浦小公開研究会	
	・エネルギーの授業（PTPと連携）[11]	
2月26日	富浦小授業支援（PTPと連携）	
3月 9日	富浦小授業支援（セガと連携）	
3月19日	富浦小授業支援（ニチレイと連携）	

　2003年度は事業の初年度ということで、実験的な取り組みを重ねてきた。こうした取り組みを踏まえ、2004年度はより計画的に授業をおこない、こうした授業が子どもたちの「学力の質の向上」にどのように寄与するかを明らかにしていく予定である。

4 授業実施のために

　本書には、これまでACEが開発してきた授業が、指導案やワークシートの形で収録されている。

　「企業との連携」というと、企業の社員がゲスト・ティーチャーとして学校に出向く授業を想像する人が多いであろう。だが、ACEの授業では、企業の社員をゲスト・ティーチャーとして学校に招くことは少ない。ゲストを招くことの教育上の意義は大きいが、企業の負担やゲストを招く際の打合せの難しさを考えると、ゲストを頻繁に招くという発想では授業づくりは難しい。

　ACEの授業で多いのは、メディアを積極的に活用して、学生スタッフが企業と学校とを結ぶ授業である。典型的には、次のようなステップで授業づくりをおこなう。

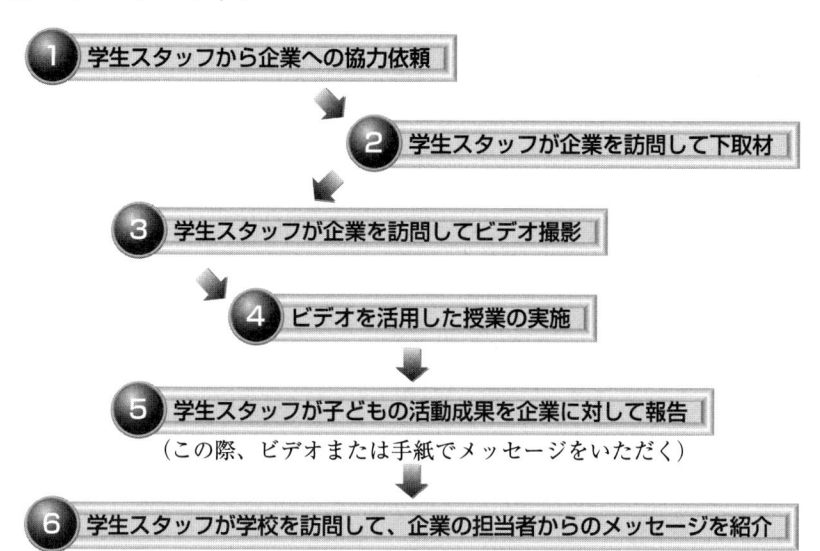

1. 学生スタッフから企業への協力依頼
2. 学生スタッフが企業を訪問して下取材
3. 学生スタッフが企業を訪問してビデオ撮影
4. ビデオを活用した授業の実施
5. 学生スタッフが子どもの活動成果を企業に対して報告
（この際、ビデオまたは手紙でメッセージをいただく）
6. 学生スタッフが学校を訪問して、企業の担当者からのメッセージを紹介

このように、学生スタッフが企業を何度か訪問し、ビデオ等を介して子どもたちと企業とをつなぐ役割を担う。このような形をとることによって、子どもたちは企業の担当者を身近に感じ、学習内容に興味をもちやすくなると考えている。

　読者が本書を参考に授業をする際にも、もちろんこうした形で学校と企業をつないで授業ができればよい。だが他方で、ACEのこれまでの授業の成果を、多くの学校で活用していただきたいという面もある。そこで本書では、読者が直接企業に働きかけなくても授業を実施できるように、企業の方からのメッセージをビデオでなく手紙やワークシートにする等の修正をおこなっている。各実践に協力してくださった企業の方々は、直接にはACEがかかわった特定の学校の子どもたちに向けて話をしてくださっているが、それは同時に日本全国の子どもたちに向けたメッセージでもある。きっと、各地の子どもたちの心に響くメッセージとなるであろう。

　本書の実践と同様に、各学校が直接企業に連絡して授業をおこないたいというご要望もあるかもしれない。だが、日本中の学校が特定の企業に依頼をしはじめたらどの企業も対応できないであろう。本書掲載の企業に直接働きかけるのでなく、本書の実践を参考にして地域の企業等に独自に働きかけるという発想で授業づくりをおこなっていただければ幸いである。

　本書をきっかけに、学校と企業との連携によって、各地で魅力的な授業が開発されることを願っている。

(注)
1 正式名称は、特定非営利活動法人企業教育研究会、略称はACE（the Association of Corporation and Educationの略）。企業教育研究会の活動については、以下の論文でも論じた。本章の記述の一部は、以下の論文の一部に加筆修正したものである。
藤川大祐「企業と連携した授業実践開発の試み　NPO法人企業教育研究会の取り組みを通して」、千葉大学教育学部研究紀要第52巻、2004年
2 筆者が常任理事をつとめるNPO法人全国教室ディベート連盟の取り組み。以下のホームページ等を参照。http://www.nade.jp
3 筆者が理事をつとめるNPO法人芸術家と子どもたちの取り組み。以下のホームページ等を参照。http://members.at.infoseek.co.jp/ASIAS/
4 筆者が事務局をつとめるメディアリテラシー教育研究会の取り組み。以下の書籍及びホームページを参照。
藤川大祐編著『メディアリテラシー教育の実践事例集』学事出版、2000年
http://www.jugyo.jp/media/media.html
5 正式には「特定非営利活動法人」。
6 特定非営利活動法人企業教育研究会定款。
7 本書p.116〜p.125
8 本書p.88〜p.99
9 本書p.80〜p.87
10 本書p.100〜p.115
11 本書p.126〜p.133

第2章 Step

「企業とつくる授業」をどのように開発するか

1 「人」を媒介とした授業
2 「利他的な夢」にふれる
3 「認められたい」という欲求
4 「正式な伝統」という手法
5 コミュニケーション能力の重視
6 新しい授業づくりに向けて

学校と企業による授業づくりをおこなう際には、さまざまな配慮が必要である。私たちACEでは、試行錯誤と議論を重ねながら授業づくりをおこなう中で、いくつかの知見を得ている。本章では、そうした知見について、ACEの授業事例にふれながら論じていく。「企業とつくる授業」に取り組む読者の参考になれば幸いである。

1 「人」を媒介とした授業

　ACEがおこなう授業では、企業で活躍する「人」の姿を紹介することが、授業の柱となっている。

　たとえば、株式会社明治屋の協力をいただいた食品輸入の授業[1]では、イタリアからパスタを輸入する「名越さん」という社員の方の仕事ぶりに焦点をあてた。名越さんがイタリアに行ってどのようにパスタを選び、どのように生産者と交渉し、どのように商品としての質を高めようとしたのかを、選択式クイズを中心としたビデオ教材にまとめて授業をおこなったのである。

　ここで重要なことは、食品輸入の仕事を、「明治屋という企業がおこなっている」というレベルでなく、「担当者の名越さんがおこなっている」という、より具体的なレベルで取り上げていることだ。私たちは日常、企業の活動をなんとなく抽象的に理解したつもりになっている。しかし、抽象的な話では、子どもたちは興味をもって学ぼうとは思いにくいであろう。

　私たちが考えたのは、「名越さん」という個人に共感をもつことによって、子どもたちが企業の食品輸入の仕事について興味をもって学べるようにすることである。つまり、「人」を媒介にして、より抽象的な内容を学んでもらおうとしたのである。

　この授業では、名越さんが学校を訪れることはない。しかし、ビデオ教材が威力を発揮する。ビデオ教材では、授業者の田村亜季子[2]が東京駅近くの明治屋本社前で概要を話し、その後、名越さんへのインタビューをおこなっていく。子どもたちが自然に名越さんに親しみをもち、クイズを通

して名越さんの仕事ぶりに関心をもつように、構成がなされている。ビデオの中でも授業中でも、田村は「名越さん」という名前を連呼する。そして、名越さんの顔が繰り返し映し出される。

　一般に、企業の人が教室を訪れるほうが、子どもたちは共感をいだきやすいと思われるかもしれない。だが、ACEでは必ずしもそうは考えていない。私たちがテレビでドキュメンタリー番組や情報番組を視聴すれば、取り上げられている人物に強い共感や親しみを覚えることがあるであろう。よく構成された映像作品を見ることは、同じ時間直接会って話を聞く以上の力をもつことがありうるのである。

　学校で子どもたちが学ぶ内容は、およそすべて、何らかの形で「人」とかかわっている。たとえば、数や図形であれば数学研究に情熱をかけた数学者たち、虫や草花については動物園・植物園の人たち、話し言葉についてはアナウンサーたちというように、学習内容の背後には「人」がいる。そうした人たちの中には、企業で活躍する人も多いであろう。企業で活躍する「人」の姿に共感させる授業をつくることが、子どもたちを動機づける授業づくりの柱となるのである。

2　「利他的な夢」にふれる

　「人」を媒介にすることは、その人の「夢」にふれるということでもある。

　ここ数年、学力低下や子どもの学校外学習時間の減少が、大きな問題となっている。この背景には、子どもたちに対する学習への「動機づけの失敗」という問題がある。[3]

　従来は過酷な「受験戦争」を勝ち抜いて「よい就職」をすることが、子どもたちへの動機づけとして機能していた。しかし、少子化や大企業の倒産・リストラによって、「受験」や「就職」が動機づけとして弱くなっている。動機をもてない子どもたちが学習から離れてしまうことは当然である。

　では、今後、どのような動機づけが可能であろうか。次の２つの方向が考えられる。[4]

　　A　知的好奇心を喚起する
　　B　将来への有用性を認識させる

　Aは、授業の導入を工夫したり、子どもたちをひきつける教材を準備したりして、「学ぶのは面白い」と子どもたちが思えるようにするという方向である。

　Bは、職業を含めた将来の生活のために学習が役立つということを、子どもたちに知らせるという方向である。

一般に、年齢が幼い子どもにはAの方向が有効で、年齢が高い子ども（青年）にはBの方向が有効だと考えられる。というのは、年齢が上がるほど将来の生活との関連が深刻さを増し、面白いと感じても有用性が感じられないことにはエネルギーをかけにくくなるからである。私のこれまでの経験では、小学校高学年程度から、Bの方向の重視が必要だと考えられる。

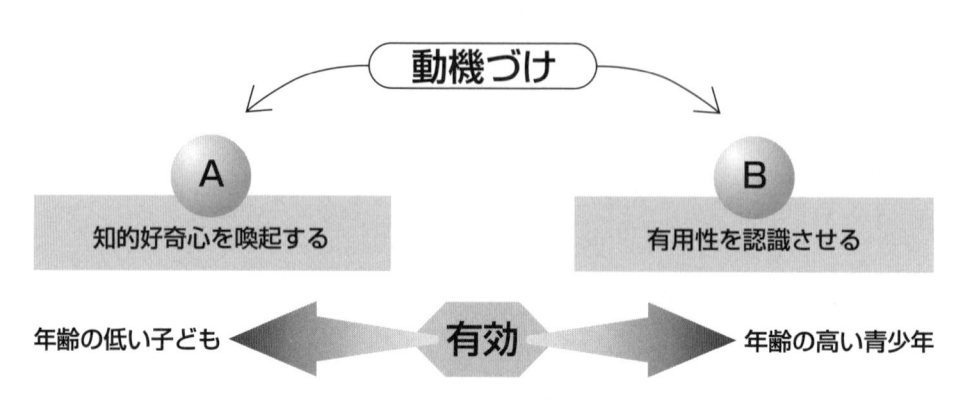

動機づけ

A　知的好奇心を喚起する

B　有用性を認識させる

年齢の低い子ども　←　有効　→　年齢の高い青少年

　では、Bの方向での動機づけを、具体的にどのようにおこなうか。ここで注意すべきなのは、子どもたちの「夢」が偏った非現実的なものである場合が多いことだ。

　子どもたちに夢を尋ねると、「スポーツ選手」「パン屋さん」「漫画家」等、自分の好きなものに直結するものを挙げる子どもが多い。[5] いわば、子どもたちが出すのは、「利己的な夢」である。

　これに対して、他者のためあるいは社会のためという思いを基盤にした、いわば「利他的な夢」がある。たとえば、環境によりよい自動車を開発した

いとか、ハンディキャップをもつ人が使いやすいコンピュータを開発したいという夢である。単に自分が好きなことをおこなおうというのでなく、社会全体や他者を利することを目指すものである。

　もちろん、「利己的な夢」と「利他的な夢」は、はっきりと区別されるものではない。「スポーツ選手」「パン屋さん」「漫画家」等の職業は、実際にはファンや客を喜ばせる仕事であり、利他的な面をもつ。他方、自動車やパソコンの仕事も、他者に喜んでもらうことを通して自分でも満足感が得られるものであろう。だが、子どもにとっては、自分の夢に他者の幸福がかかわるという発想は簡単にもてるものではないはずで、多くの子どもの夢は「利己的」と考えてよい。

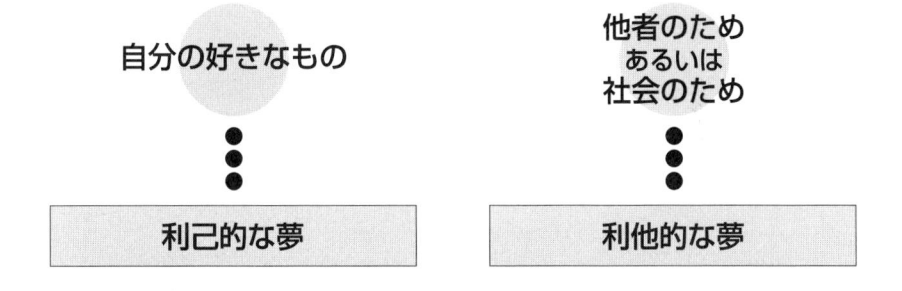

自分の好きなもの	他者のためあるいは社会のため
利己的な夢	利他的な夢

　「利他的な夢」というと、多くの人が医師や看護師、保育士を思い浮かべるであろう。しかし、民間企業でも官庁でも、本来ほとんどの職業が利他的な面をもっている。そして、「他者の役に立っている」という実感が使命感につながり、そうした使命感ゆえに人は自らの仕事に誇りをもてると考えられる。

　ACEでは、企業で活躍する人々の利他的な側面に注目し、子どもたち

が「利他的な夢」にふれる授業を開発している。たとえば、環境問題を乗り越える自動車を開発する[6]とか、ハンディキャップをもつ人が使いやすいコンピュータを開発する[7]といった活動を取り上げて授業をおこなっている。こうした授業を通して子どもたちが「利他的な夢」にふれることが、子どもたちにとって、学習への大きな動機づけになると考えている。

3 「認められたい」という欲求

　企業との連携授業というと、企業の人の話を子どもたちが一方的に聞くというイメージがもたれやすい。だが、ACEの授業では、子どもたちが受け身一方になることを極力避けている。

　ACEの授業の一つの典型的な型は、以下である。

> ① 企業の方からのメッセージで子どもたちが課題を与えられる。
> ② 企業の方からヒントとなる情報が与えられる。
> ③ 子どもたちが課題に応えて活動する。
> ④ 活動の成果を学生スタッフが企業に届け、コメントをいただく。
> ⑤ 企業の方からのコメントが子どもたちに伝えられる。

　たとえば、エフティ資生堂と連携した商品開発の授業[8]では、エフティ資生堂の方から「小学生に人気の出るシャンプーのアイデアを出してください」という課題を出していただき、シャンプー「ティセラ」がどのように開発されているかという情報が示され、子どもたちがシャンプーのアイデアを提案した。授業者の松本真奈[9]は子どもたちの提案をエフティ資生堂に届け、エフティ資生堂の方からそれぞれについてコメントをいただき、ビデオ撮影し、後日子どもたちはこのビデオを見た。

　このような授業では、子どもたちは受け身になりにくい。企業の取り組みについて話を聞く場面もあるのだが、あくまでもその後の活動のためのヒントを聞くのであるから、子どもたちは受け身一方にならないのである。

この授業形態は、「提案する社会科」と呼ばれる社会科の授業の形態に近い。「提案する社会科」とは、ある課題について子どもたちがそれぞれ提案をおこない、その提案を検討しあうことを中心とした社会科授業である。たとえば、消防の授業で、「あと1つだけ消火栓をつけるとすると、どの地区につけるといいでしょうか」という課題で、学区の中の消火栓のあり方について提案しあう授業がよく知られている。[10]

　小西氏は、「提案する社会科」を支える授業観を「出力型授業観」と呼び、従来支配的だった「入力型授業観」と区別する。「出力型授業観」は「授業を『子どもがもっている何かを出させる場』として組織していこうとする授業観」、「入力型授業観」は「授業を『子どもに何かを身につけさせる場』として組織していこうとする授業観」と定義されている。[11]

　「出力型授業観」に基づく授業では、子どもたちは熱心にアイデアを検討し、その過程で多くのことを学ぶことが期待される。ではなぜ、「出力型」の授業は、子どもたちをこのように動かすのであろうか。

　小西氏は、学区の坂道の名前を提案させる授業を取り上げ、この授業における「学習意欲の正体」について、次のように言う[12]（〔　〕内は藤川による補足）。

> 『坂道』〔の授業〕の場合は〔学習意欲の正体は〕知的好奇心ではない。自分の命名をなんとか友だちにもわかってほしいという願いが子どもたちをつき動かしている。「私にも言わせて」という欲求が根源にある。これを認知欲求と呼ぶ。

　小西氏は、「出力型授業観」に立つ提案中心の授業では、子どもの「学習意欲の正体」は「知的好奇心」ではないと言うのである。多くの教師が日ごろ無意識に「子どもの知的好奇心に訴える」という発想をもって授業

を構想しているであろう。だが、小西氏によれば、知的好奇心に訴えるという発想は、「入力型授業観」にもとづく発想である。「出力型授業観」に立つ授業では、子どもの学習意欲の正体は「認知欲求」だと言うのである。

　小西氏の言う「認知欲求」とは、「認められたい」という欲求のことであり、「被認知欲求」あるいは「承認欲求」と呼んだほうがわかりやすいかもしれない。それはともかく、自分の意見を聞いてほしい、自分のことをわかってほしいといった欲求が子どもたちに強いことは、教育現場にいれば誰でも実感できる。この欲求を学習意欲につなげることの意義は、大きい。

　ACEの授業では、子どもたちの「認められたい」という欲求を満たすことが意識されている。子どもたちの多様なアイデアは企業の方に細部まで理解され、プロとしての責任をもってコメントをいただける。もちろん厳しいコメントもあるが、たとえ厳しいコメントをもらっても、「自分たちのアイデアをきちんと受け止めてもらえた」という点は子どもたちに伝わっていると考えられる。

　このように子どもたちの「認められたい」という欲求に応えることは、学校の教師だけの授業ではなかなか難しい。「その道のプロ」である企業の方からコメントをもらえることが、子どもたちの「認められたい」という欲求に応えることにつながるのである。

4 「正式な依頼」という手法

　ACEの授業では、授業の導入で子どもたちに対して、責任ある人から「正式な依頼」をしてもらうことが多い。

　たとえば、アサツー ディ・ケイの協力を得た「学校紹介ポスターを作ろう！」の授業[13]では、最初の授業で校長からの次のようなビデオ・メッセージを子どもたちに見せている。

> 校長先生から、みなさんにお願いです。4月になると、新しい1年生がこの学校に入ってきます。〇〇小学校は楽しいよということが伝わるようなポスターを作ってください。それぞれのグループにしか思いつかないようなアイデアポスターにしてください。みなさんが作ってくれたポスターは新入生説明会で使わせてもらいます。期待しています。

　このように校長からメッセージをもらうことは、子どもたちには強い動機づけになり、その後の子どもたちの活動の水準を維持するための一つの基準になる。子どもたちは学校の責任者である校長から依頼されたことで責任感をもたざるをえず、その後の活動でも「校長先生の依頼に応えられるものを作ろう」という意識をもって取り組むことができる。単に担任教師から課題を与えられるのとは、子どもの受け止め方は大きく異なる。

　こうした「依頼」というあり方は、企業社会では当たり前にあることだが、学校ではあまりない。子どもたちは教師から指示を与えられることは

あるが、これは権限がある上の者から強制的に与えられるものである。しかし、「依頼」というのは、対等の関係の中で頼まれることだ。企業社会では、異なる企業間や企業の異なる部署間で、対等の関係の中で「依頼」がおこなわれるのは当然だ。上記のような「正式な依頼」は、子どもたちを、企業社会と同様の、それぞれが対等で責任をもっている立場に置こうとするものである。

　子どもたちは未熟だから常に指示に従うというのでは、子どもたちは責任をもった活動に取り組みにくい。子どもたちのプライドを尊重し、責任ある活動への動機づけをおこなうためには、こうした企業社会的な手法が活用できるのである。

5 コミュニケーション能力の重視

　ACEの授業では、子どもたちのコミュニケーション能力を高めることが重視される。「つっこみインタビューのコツを身につけよう！」[14]や「裏ワザ紹介をしよう！」のようにコミュニケーション能力の向上を主な目的とした授業だけでなく、「FOMAを使ったインタビュー」の授業[15]をはじめ多くの授業で、子どもたちが他者の話を聞いたり自分たちの考えをわかりやすく表現したりする機会を設け、コミュニケーション能力向上を目指している。

　企業の人事担当者に「どのような人材が求められているか」を尋ねると、異口同音に「きちんと受け答えができる人」と言われる。すなわち、さまざまな相手と適切に話ができる人が少なく、そのような人材が貴重だと言うのである。これまでの学校教育では、こうした意味でのコミュニケーション能力育成が十分になされているとは言えない。ACEでは、こうした状況を踏まえ、コミュニケーション能力を高める指導を各授業の中で意図的おこなっている。

　コミュニケーション能力の中でも、ACEで特に重視しているのは、以下の2点である。

A	B
相手の答えを聞いてさらに質問する「つっこみインタビュー」	繰り返し練習して言葉を身体化する「伝わる話し方」

Aの**つっこみインタビュー**は、子どもたちが他の子どもや外部の人等から話を聞く際に重要な点だ。総合的な学習の時間等で子どもたちがインタビューをおこなう機会があるが、これまでは多くの場合、子どもたちは相手の答えを十分に聞かず、用意した質問を次々とぶつけるだけであった。これではインタビューはいわば儀式にすぎず、子どもたちは相手から十分に話を引き出すことができない。

　ACEでは、テレビ報道記者の協力を得て、「つっこみインタビューのコツを身につけよう！」という授業をおこない、この授業の成果を他の授業にも応用している。

　Bの**伝わる話し方**というのは、決まった内容を話す際にも、十分にリハーサルをおこなって言葉を身体にしみこませ、棒読みでなく伝わる話し方で話すということだ。子どもたちの発表となると「小さい声で棒読み」という事態に陥ることが多いが、リハーサルを繰り返すことでこれを避けている。

　ACEでは、テレビ制作担当者の協力を得て「裏ワザを紹介をしよう！」という授業をおこなった際に、グループごとに、自分たちのリハーサルをそれぞれビデオ撮影してチェックしつつ繰り返し練習するという活動を入れた。他の授業でも同じような発想で、リハーサルの機会を設けて発表させるようにしている。

以上の2点は、企業社会では当然必要とされる能力であろう。だが、学校ではこうしたことがこれまであまり重視されてこなかった。企業との連携授業だけにとどまらず、あらゆる授業でこうしたコミュニケーション能力の向上が目指されるべきである。

6　新しい授業づくりに向けて

　以上のようにACEではさまざまな問題提起をおこないながら、授業づくりをおこなっている。これまでは環境教育や情報教育等の授業を重点的に開発してきたが、企業との連携によってつくる必要があるのは学校教育のあらゆる教科・領域にわたる。

> 　以下、今後の授業づくりにはどのような課題があるのかを、小学校を中心に、各教科等について述べる。ACEで一気にこれらすべての授業づくりをおこなうことはできないが、少しずつ進めていきたいと考えている。読者がこうした課題のそれぞれに取り組んでくださるとしたら、ありがたいことである。

国語

　国語教育における最大の課題は、実用性の高い言語技術教育をどのように進めていくかであろう。

　ACEではすでに、テレビ局関係者の協力を得て、インタビューや表現にかかわる授業をおこなっている。だが、これらはまだ言語技術のごく一部分を扱っているにすぎない。

　多くの企業がさまざまな形で言語技術を扱っているという発想に立ち、たとえば次のような授業をつくることが今後の課題である。

授　業	協力企業（職業）
伝わる文章の書き方	新聞記者、テクニカル・ライター等
伝わる話し方	アナウンサー等
人をひきつける構成の仕方	ドラマ制作者等
おもしろい討論の仕方	討論番組制作者等
人の心を動かす広告	広告会社等
心が通じる聴き方	カウンセラー
ビジネスに学ぶ敬語	人材育成企業
国語辞典の使い方	出版社

　また、文学作品についても、企業の発想を取り入れることで、次のような授業ができるのではないか。

特定の文学作品の魅力を伝えるテレビ番組を企画する授業
文学作品ゆかりの地を旅するツアーを企画する授業

算数・数学

　算数・数学の学力低下や、「算数ぎらい」「数学ぎらい」が多い現状を踏まえ、算数・数学が現代社会でどう活かされているか、算数・数学にかかわっている人はどのような人なのかといった視点で新たな授業をつくっていくことが急務である。すでに劇団と連携して演劇的手法を使った算数の授業の開発を始めており、ある程度の成果が見え始めている。この方向も含め、さまざまな方向を模索したい。
　具体的には、次のような授業が考えられる。

授　　業	協力企業（職業）
算数・数学の読書指導	出版社
数学の伝え方	サイエンス・ライター
情報技術で使われている数学	情報関連企業
数学パズルをつくる	パズル雑誌編集部
建築の中の数学	建築家
スポーツの中の数学	スポーツ新聞社
身のまわりのものを測定する	文具会社
電卓の使い方	電子機器会社
音楽を数学で見る	楽器会社
クレジットカードの数学	信販会社
統計調査入門	マーケティング会社

理科

　「理科離れ」が深刻だと言われている一方で、企業では科学技術がさまざまに使われている。すでにさまざまな試みが各所でなされているが、企業との連携による授業にはまだ多くの可能性がある。

　算数・数学と似ているものもあるが、たとえば次のような授業の可能性がある。

授　　業	協力企業（職業）
体感する物理学	ものづくり系企業
遺伝子の世界	バイオ系企業
身体でわかる生物	ダンス・カンパニー
最先端科学を取材する	サイエンス・ライター
科学読み物の読書指導	出版社

社会科

　社会科では、かなり多くの単元で企業との連携が求められる。たとえば、次のような授業が考えられる。

授　　業	協力企業（職業）
世界旅行を企画する	旅行会社
職業で見る日本	就職情報会社
地図づくり体験	地図会社
県の産業	ローカル新聞社
食品の安全性	食品会社
日本の輸出産業としてのゲーム	ゲーム会社

生活科

　子どもが地域で体験学習をおこなうことが中心であるので、企業と連携した授業の必要性は他の教科ほど高くないと考えられる。こうした中でも、カメラ・メーカーと連携した「写真で表現する」授業等、企業がもっている物品を活用する授業については、今後も可能性がある。

音楽

　音楽は、メディアと密接なかかわりをもち、音楽にかかわる仕事も多い。現行の学習指導要領では音楽産業にかかわる内容は特に扱われていないが、音楽産業とのかかわりで音楽を学ぶことの重要性は高い。たとえば、次のような授業をつくっていく必要がある。

授　　業	協力企業（職業）
音楽と著作権	レコード会社等
テレビ番組と音楽	テレビ局
映像に合わせた音楽をつくる	音楽事務所等
CMの中の音楽	広告会社等
音楽ソフトで作曲しよう	コンピュータソフト会社
世界の楽器で合奏しよう	楽器会社
DJ番組をつくろう	ラジオ局

図工・美術

　図工・美術も音楽と同様に、メディアとのかかわりが密接である。また、図工・美術はさまざまな素材・道具とかかわるため、素材・道具にかかわる技術革新がおこなわれると表現の幅が広がるという面がある。こうしたことを踏まえると、たとえば次のような授業の可能性がある。

授　業	協力企業（職業）
新しい素材による造形	教材会社
広告デザイン入門	広告会社
アニメーションづくり	アニメーション制作会社
映像トリック	テレビ局
光の造形	照明会社
幼児のためのおもちゃづくり	おもちゃ会社

体育

　体育は生活科と同様、企業との連携の必要性の低い教科だと考えられる。しかし、現代のスポーツがさまざまな企業の力で支えられていることを考えると、新たな授業の可能性が考えられる。たとえば、次のような授業である。

授　業	協力企業（職業）
子どもの運動の解析	スポーツ用品会社
オリンピック選手に学ぶスポーツの最先端	オリンピック選手が所属する企業
おもちゃを使って新しいスポーツをつくろう	おもちゃ会社
障害者スポーツを体験しよう	福祉機器会社

家庭科

　家庭科は社会科と同様、多くの単元で企業との連携が求められる。また、家族や家庭生活のあり方が大きく変化している社会の中でどう生きるかを教える「生活戦略教育」として家庭科を捉え直せば、現状で十分に扱われていないテーマについても、企業と連携しつつ積極的に扱うことが求められる。具体的には、以下のようなテーマがありうる。

授　業	協力企業（職業）
変化する結婚事情	結婚関連企業
子育てと仕事	男性が育児休業をとっている企業
少子高齢化時代の家庭経済	ファイナンシャル・プランナー
現代の住宅設計	建築関連企業
安全な食品選び	食品関連企業
ファッションと洋服選び	アパレル関連企業

道　徳

　道徳教育では企業との連携の必要性は低いかもしれないが、現実の社会で通用する生き方を子どもたちが学ぶという発想から、企業と連携した授業をつくっていくことに可能性がある。たとえば、次のような授業である。

授　業	協力企業（職業）
企業社会のマナーとその背景	人材育成企業
約束を守れないとき	法律事務所

総合・国際理解

　国際社会を舞台に活躍する企業が多いことを考えると、企業と連携した国際理解の授業の可能性は大きい。たとえば、次のような授業が考えられる。

授　業	協力企業（職業）
貿易の中での国際理解	貿易をおこなっている企業
日本で働くこと	外国人社員がいる企業
海外修学旅行を企画しよう	旅行会社
世界のニュースはどう報道されるか	新聞社
輸入食品でオリジナル料理に挑戦しよう	食品会社

総合・情報

　すでにテレビ局関係者等と連携したメディアについての教育（メディアリテラシー教育）を展開しているが、現代の情報社会のあり方について学ぶ授業には企業の協力が不可欠である。たとえば次のような授業が考えられる。

授　業	協力企業（職業）
社会を調べること	マーケティング会社
社会を支えるコンピュータ技術	コンピュータ会社
高速通信のしくみ	通信会社
地域の情報を伝えること	ケーブルテレビ会社
ビデオデッキの秘密を探る	家電会社
改札機の秘密を探る	鉄道会社

総合・環境

すでに自動車会社と連携した授業等をおこなっているが、環境問題に正面から向かい合っている企業との連携には、今後もさまざまな可能性がある。たとえば、次のような授業が考えられる。

授　業	協力企業（職業）
ゴミゼロ工場	ビール会社
合成洗剤と環境	洗剤会社
びん・缶とごみ問題	飲料会社
学校のどこでどれだけ電気が使われているか	電力会社
高く買い取ってもらえる品物を探る	リサイクルショップ
古再生紙、使えばいいのか？	紙回収業者

総合・福祉

社会福祉の向上には、政府やボランティアだけでなく、民間企業の力も重要である。たとえば、次のような授業が考えられる。

授　業	協力企業（職業）
ねたきりとの戦い	福祉機器会社
バリアフリーまちづくり	建築会社
障害者が働く場所	障害者が働く企業
ユニバーサルデザイン	文具会社
献立宅配サービス	コンビニエンスストア

総合・健康・保健指導

　健康について考えるために、健康にかかわる企業と連携することは、まだあまりおこなわれていない。今後、次のような授業が考えられる。

授　　業	協力企業（職業）
菓子の開発と健康への配慮	菓子会社
健康食品や薬品とテレビ	テレビ局
生命保険商品の開発	生命保険会社
健康雑誌の記事をつくる	出版社
身のまわりの衛生	清掃会社
薬でできること、できないこと	製薬会社

(注)
1 本書p.88〜p.99
2 ACE理事
3 詳しくは、以下で論じた。
 藤川大祐「学力問題の読み方」、『授業づくりネットワーク』2001年9月号
4 これ以降、本節の議論は、以下の一部を加筆修正したものである。
 藤川大祐「基礎からの授業づくり入門 第7講 動機づけ」、『授業づくりネットワーク』2003年10月号
5 たとえば、以下を参照。
 「新・教室データランド」、『授業づくりネットワーク』2003年4月号
6 本書p.48〜p.57
7 本書p.100〜p.115
8 本書p.68〜p.78
9 ACE理事
10 小西正雄『「提案する社会科」の授業1』明治図書
11 小西正雄『消える授業 残る授業』明治図書
12 前掲、『消える授業 残る授業』
13 本書p.58〜p.67
14 本書p.116〜p.125
15 本書p.134〜p.144

第3章 and Jump

実践事例
ワークシートつき

1 環境のことを考えて 未来の自動車をプロデュース！

協力企業：ダイハツ工業株式会社

授業担当・執筆　塩田真吾

小学校 高学年	総時間数 2時間	総合的な学習の時間（環境） 社　会（自動車の生産）

授業の概要

　近年、様々なところで自動車の環境問題が論議され、自動車は環境汚染の元凶であるかのように考えられている。しかしそんな中で、自動車会社は環境に負荷をあたえないように懸命に取り組んでいる。

　この授業は、実際の自動車会社—ダイハツ工業株式会社—の協力をいただき、5年生で学習する「自動車の生産」をより深く理解するとともに、環境問題への興味関心を喚起した。

企業担当者より

　ダイハツは、安全で環境負荷の少ないクルマづくりに日々努めていますが、クルマの環境負荷は、実際の使われ方にも大きく影響されます。そのため、次の世代のドライバーとなる子どもたちに授業の中で、クルマの持つ良い面と悪い面を知ってもらうことは非常に大切なことと思います。

　子どもたちが環境をクリーンにする未来のプロデューサーになる事を期待しています。

環境室　　折田俊哉

未来の自動車をプロデュース！

授業のねらい

- 自動車会社が環境に負荷を与えないように取り組んでいることを知る。
- 自分たちが未来の自動車を考えることで、環境問題に興味をもつことができる。

指導計画

時間	学習活動	支援・留意点
導入 15分	① 現在の二酸化炭素排出量や簡単な自動車の仕組みを説明し、未来の自動車を考えることを伝える。	現状の自動車社会の問題点を理解させる。 ライバル会社を紹介し、学習への動機づけをおこなう。
展開 50分	② 二酸化炭素と大気汚染物質の排出量を低減するにはどうしたらよいかを子どもたちが考え、問題を解決できるような、10年後の未来の車を考えワークシートに記入し、発表する。	自由なアイデアが出やすいようにワークシートに記入させる。
発展 15分	③ 実際の自動車会社―ダイハツ工業株式会社―の取り組みを紹介する。	自分たちが考えたアイデアと企業が実践していることを比べながら考えることができるようにする。
まとめ 10分	④ 企業しか考えなかったアイデア、自分たちしか考えなかったアイデアを見つけたり、企業と自分たちの考えを比べたりする。また、企業が技術開発に取り組み、アイデアを実現しようとしていることを知る。	自動車会社が環境に負荷を与えないよう取り組んでいることがわかるように比較する。

授業の実際

T：教師（授業者）　C：子ども

学習活動	支援・留意点
10分　自動車からは何が出るかな？	
T：自動車に乗ったことがある人？ 　（子どもたちは全員手をあげる。） T：では、自動車からでるにおいをかいだことがある人？ 　（ほとんどの子どもが手をあげる。） T：どんなにおいだった？ C：くさいにおい。 C：気持ち悪くなる。 T：それはなんだか知っている？ 　自動車は… ▶自動車はガソリンと空気をエンジンで爆発させて動いていること、そして、そこからは二酸化炭素や大気汚染物質が出ることを絵を用いながら説明する。さらに、自動車の中でも一般の自家用車の走行中が一番多く排出されることを説明する。 T：自動車からは、どうしても二酸化炭素や大気汚染物質が出てしまうんだね。 ▶簡単な自動車の仕組みと、現在の自動車を取り巻く環境問題がわかったところで本題に入る。	👆地球温暖化の原因が二酸化炭素の増加にあることにもふれておく。 👆自動車から二酸化炭素や大気汚染物質が出てしまうことが理解できるよう支援する。
5分　ライバル紹介	
T：今日は、みなさんに開発部長になって未来の自動車を開発してもらいます。でも、みなさんには強力なライバルがいます。 ▶ここで、ダイハツ工業株式会社に協力していただき作製したワークシート①を配布し、子どもたちの「ライバル」として4人の開発担当者と1人の環境博士の紹介をする。	■ワークシート①（P.54）

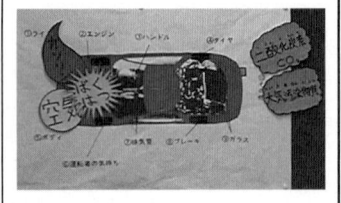

50

未来の自動車をプロデュース！

学習活動	支援・留意点
T：ライバルは、何人いる？ C：5人、いや、4人！ T：実は、あしむらさん、黒川さん、宮崎さん、たんさんは、ダイハツの開発の四天王って呼ばれていて、この4人よりもいいアイデアを出せば、もしかしたらダイハツに採用されて、何年後かにその自動車が走るかもしれないよ。竹内さんは環境博士でこの4人を支えているよ。 C：えー！ほんとー？ （子どもたちは驚きの表情を見せ、やる気になる。子ども開発部長の誕生である。）	

30分　未来の自動車をプロデュースしよう！

T：これから、みなさんに二酸化炭素や大気汚染物質を減らす未来の自動車を開発してもらいます。開発といっても、こうしたらいいだろうといった程度のアイデアでかまいません。実際に動くかどうかは気にせずに自由に考えてください。 ▶ワークシート②を配布し、再度自動車が二酸化炭素や大気汚染物質を排出するしくみを確認後、思いついたアイデアを書くように指示する。 T：ライバルの人たちよりもいいアイデアが出れば、もしかしたら採用されるかもしれないのでがんばってね。 ▶4、5人の班に分かれて作業開始。 C：太陽の力を電池にためてエンジンを動かせばいいんじゃない？ C：水を沸騰させて、その蒸気の力で車を動かしたら？	👉 実際に動くかどうかを気にする子どもが多い場合は、実際に動くかどうかは気にせず、自由にアイデアを出せるよう支援する。 ■ワークシート②（P.55） 👉「会社の秘密会議だから他の班にアイデアを聞かれないように」と注意する。 👉『これは、採用されるかもしれないね！』などとほめる。

学習活動	支援・留意点
C：排気管の中に、植物を入れて、それで二酸化炭素を酸素にかえればいいんじゃない？	

20分　アイデアの発表しよう

T：できたところまででいいからやめて発表してください。

▶班ごとに3つぐらいずつ画用紙に書いて発表させる。

▶子どもの発表が終わったところで、一度アイデアを整理しまとめる。

T：すごいね、こんなにアイデアが出たんだ！これだけあればどれか採用されるかもしれないね。

☞ アイデアごとにまとめながらカードを貼っていく。

アイデアカード
- ソーラーの力を利用する。
- 電池を自動車につけ、電気で走る。
- 二酸化炭素を酸素にかえる装置をつける。
- ガソリンの性質をかえて無害にする。
- タイヤが動くごとに電気を充電する。
- 蒸気の力で動く自動車。

※抜粋

15分　ライバル会社を見てみよう

T：じゃ、ライバル会社の取り組みを見てみようか。

▶ここで、ダイハツ工業株式会社の開発担当者に協力していただき作製したワークシート③を配布する。

▶四天王の開発を順番に説明し、開発内容を確認しながら、子どもたちと同じような視点のアイデアカードに並べて貼っていく。

■ワークシート③（P.56）

四天王の取り組みカード
- ボディーを小さく軽くしてガソリンの消費量を少なくする。
- ガソリンのかわりに天然ガスを使うCNG自動車。

※Compressed Natural Gas
…圧縮天然ガスの略

- 水素と酸素を反応させる燃料電池自動車。
- 有害物質を取り除く装置。

未来の自動車をプロデュース！

学習活動	支援・留意点

10分　ライバルと比べてみよう

T：ここにみんなのアイデアとライバル会社の取り組みを並べてみましたが、比べてみて何か気づくことはありますか？

▶少し考える時間をとってから、挙手指名で発表させる。

C：ぼくは自動車に乗るのが大好きだから、自分で開発した環境にやさしい自動車に乗れたらいいなと思いました。

C：私が考えているよりも実際の会社は上のことを考えていて、これ以上地球を汚さないようにかんばっているんだなあと思いました。そして、私たちのアイデアも採用されるといいなあと思いました。

T：そうですね。みんなのアイデアもすばらしいけれど、実際の企業の人もちゃんと環境のことを考えて自動車をつくっているんですね。
でも、アイデアだけだったらみんなも負けていないんじゃない？
みんなのアイデアはちゃんと企業に送って、採用を検討してもらいます。
（再び、子ども開発部長の目が輝いた。）

☞ 自分たちが考えたアイデアで、すでに企業が実現していることや企業が実現できていない新しい自分たちのアイデアに気づけるように支援する。

☞ 自動車会社も環境に負荷を与えないようにがんばっていることを伝える。

ワークシート①

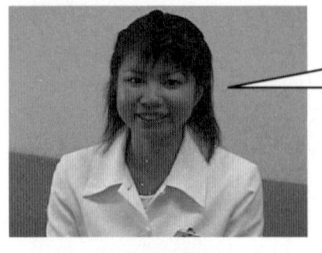

商品企画部の

あしむら さやかです。

商品企画の達人です！！

こんにちは。

黒川 健太郎です。

開発の達人です！！

こんにちは。

宮崎 俊一です。

みなさんの最大のライバルかな？

材料開発室の

たん いさおです。

開発の天才です！！

環境室の

竹内 正剛です。

環境博士とよばれています！！

ワークシート②

環境を改善する未来の車をプロデュース！

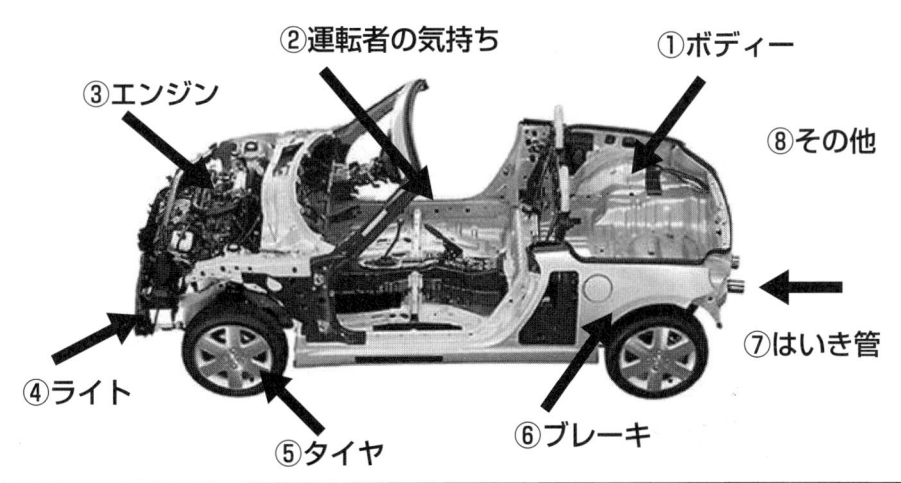

②運転者の気持ち
①ボディー
③エンジン
⑧その他
④ライト
⑦はいき管
⑤タイヤ
⑥ブレーキ

改良する番号・場所	開発部長、どう改良しますか？
番	
番	
番	

ワークシート③

私は、ボディを小さく軽くして、車の走る距離を長くすることで二酸化炭素の排出を少なくしています。
ダイハツでは、軽自動車を中心として排気量の小さいスモールカーをたくさん販売しています。

私は、CNG自動車と言って、ガソリンの代わりに圧縮天然ガスを燃料として走る車を開発することで二酸化炭素の排出量を少なくしています。ガソリン車より20％～30％も二酸化炭素の排出量を少なくできます。

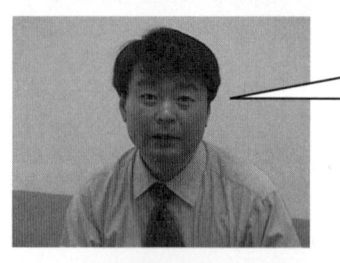

私は、ガソリンの代わりに水素と酸素を反応させてその電気エネルギーで走る燃料電池車を開発しています。燃料電池車は、二酸化炭素をまったく排出しません。出るのは水だけです。近未来のエコカーです。

私は、触媒（しょくばい）というそうちを開発しています。この触媒を自動車の排気管にとりつけて有害物質を取り除いています。
このそうちはTOPAZ（トパーズ）触媒といって、とても優れたそうちです。

私は、環境について研究しています。
環境に対して、自動車のいろいろな技術や工夫も大切ですが、乗る人の心がけ次第でも環境に対する影響は変わってきます。みなさんもやさしい運転をお願いしてくださいね。

未来の自動車をプロデュース！

授業者からのメッセージ

　「環境への負荷」のイメージが大きい自動車会社だが、実はたくさんの新しい技術で環境問題の解決に取り組んでおり、近年は、ハイブリッドカーや燃料電池車などにも注目が集まっている。

　しかし、このような技術だけを子どもたちに提示しても、子どもたちの関心を得ることは難しいであろう。企業とつくる授業では、連携する企業で働く「人」を紹介することを柱として授業を組み立て、そういった開発者に共感することから、子どもたちが新しい技術への興味・関心をもてるようになることを目指している。

　本授業も、開発者に焦点をあて、「こんな人がこんな思いでこんな技術を開発し、環境問題を考えているんだぁ。」と企業で働く人の思いに共感し、環境問題を身近な問題として捉え、考えることができるよう展開した。

塩田真吾

千葉県
千葉市花園小学校

窪田典子

　自動車による大気の汚れは、感覚的にわかっているもののあいまいである。

　そこで、より具体的な資料提示は有効であり、これからの自動車のあり方を考えるよいチャンスとなった。

　'ダイハツの人に挑戦' と題し、プロの研究員に負けまいとグループで知恵を出し合う様子は真剣そのもの、子どもたちはやわらかい頭で未来への夢をふくらませていた。

　企業側も実践者の意図をよくつかみ、環境教育に大きく貢献してくださったことにも感謝！！

　企業と利用者とのお互いの関係がよりよくなることを願う環境教育であると実感した。

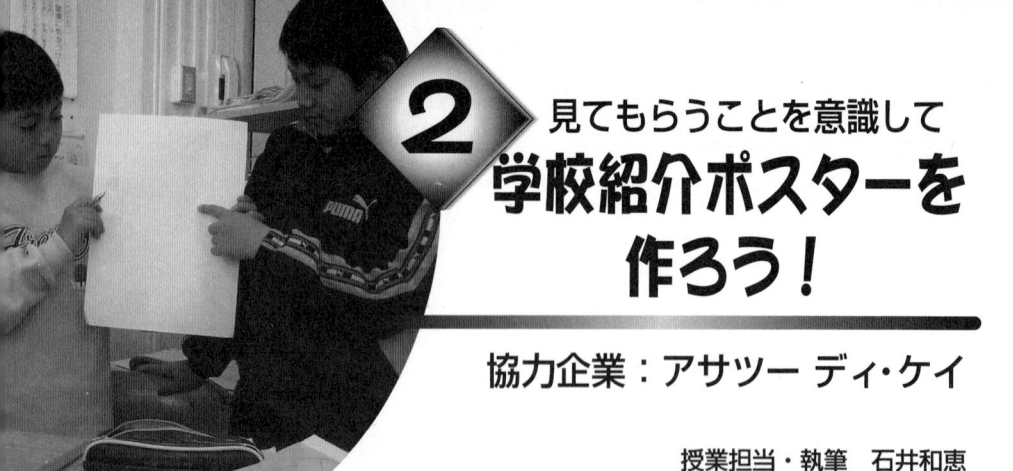

2 見てもらうことを意識して 学校紹介ポスターを作ろう！

協力企業：アサツー ディ・ケイ

授業担当・執筆　石井和恵

| 小学校 5年 | 総時間数 2時間 | 総合的な学習の時間 情報 |

授業の概要

　総合的な学習の時間をはじめ、クラブ活動・委員会活動など学校生活のなかで子どもたちはポスターを制作する機会が多い。今回は広告会社（アサツー ディ・ケイ）に協力いただき、'視点を変えて'表現してみることに注目したポスター作りの授業をおこなった。メッセージをストレートに発信せず、ひとひねりして発信することをコンセプトに、印象的にメッセージを伝えることに取り組む。

企業担当者より

　ポスターの制作を通じて、ものを作る際の視点の大切さを理解して欲しかった。日頃からものを観察する視点をどれだけ多角的にもてるかということで、表現アイデアが飛躍的に高められるということを実践的にわからせることができたら、少しは役立ったかと思う。　　　広報室　芦田 健

学校紹介ポスターを作ろう！

授業のねらい

- 誰のための、何のためのポスターなのかを考えて制作に取り組むことができる。
- 写真やキャッチコピーを工夫して、見た人が心動かされるような、ポスターを意識することができる。

指導計画

時間	学習活動	支援・留意点
導入 15分	① 校長先生からポスター製作依頼趣旨を伝え、制作意欲を促す。 ② アサツー ディ・ケイの芦田さんからのポスターづくりのポイントが書かれた手紙を読み、今回のポスター制作のポイントや流れを確認する。	見る人を意識したポスター制作に興味・関心を持つように動機づけする。 ポイントを整理し、特に「視点を変える」ことを意識させ、授業の見通しをもてるよう支援する。
展開 10分 20分 30分	③ 班ごとにワークシートを使いながら、ポスターでどんなメッセージを伝えるかを話し合う。 ④ コンセプトをもとにして、デジタルカメラを使って、写真を撮りに行く。 ⑤ 班で1枚の写真を選び、いつもと視点を変えたキャッチコピーを話し合う。 ⑥ 写真（A4）とキャッチコピーのレイアウト等を工夫し、ポスターを完成させる。	視点を変えたおもしろい写真を撮ってくる。 メッセージが伝わるようなキャッチコピーが考えられるよう支援する。
まとめ 15分	⑦ 班ごとに、工夫した点などを交えて発表し、他の人の意見や感想を聞く。 ⑧ プロからのメッセージを聞く。	伝えたかったメッセージや、工夫した点などを発表させ、他からの意見を聞くことで、客観視させる。

授業の実際

T：教師（授業者）　C：子ども

学習活動	支援・留意点

5分　依頼ビデオを見よう

校長先生からの依頼文

校長先生から、みなさんにお願いです。4月になると、新しい1年生がこの学校に入ってきます。○○小学校は楽しいよということが伝わるようなポスターを作ってください。それぞれのグループにしか思いつかないようなアイデアポスターにしてください。期待しています。

■校長先生からの依頼文または、依頼ビデオ。

　誰のための、何のためのポスターなのか、ポスターを作るときのポイントとなる要素を入れた原稿を用意し、依頼ビデオを撮影しておくとよい。

　いろいろなところで見てもらう場を設定したい。

▶さらに「新1年生の説明会の会場に貼るそうです。」ということを伝えると、子どもたちは「すごーい」と大きく沸く。

30分　ポスターのイメージをとらえよう

▶見本のポスターや身の回りのポスターを見せながら、ポスターのイメージをしっかり伝える。

T：今日は、こんな風に、デジカメ写真を1枚と、キャッチコピー1文を入れたポスターを作ってもらいます。
　　ポスターって、どんなところに貼ってある？

C：駅にある。／道にもあるよ。／学校にもある。

C：商品の売り込み。

C：うがいをしよう！ってよびかけてる。

■見本のポスターや身の回りのポスターを用意する。

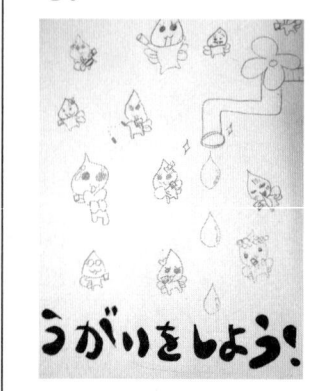

60

学校紹介ポスターを作ろう！

学習活動	支援・留意点
T：そうだね。ポスターを作った人は、ポスターを見る人に、伝えたいことがあるんだね。これをメッセージと言うよ。ほかにも大事なことがあるかなあ？ C：う～ん。 T：実はポスターを作るポイントをポスター作りのプロに教えてもらいました。手紙を読みます。	👆 ポスターには送り手のメッセージが込められていることを理解させ、ポスター制作の際は、メッセージを込められるようにする。 **プロからの手紙**

こんにちは。アサツー ディ・ケイという、CMやポスターを作る会社の、芦田と言います。今日は、みなさんにポスター作りのポイントを教えます。ポイントは3つあります。

1つ目は、誰のためのポスターなのかをはっきりさせることです。

2つ目は、何のためのポスターなのかをはっきりさせることです。

3つ目は、これがおもしろいポスターにするための一番のポイントになると思いますが、いつもと視点を変えてみることです。

この3つを考えて、見てくれた人が何かを感じるポスターにしてください。すてきなポスターを作ってください。
　　　　　　　　　　　　　　　　　芦田　健

▶プロからの3つのポイントを、確認しながら板書し、今回の場合に対応させながら、ワークシートに整理して書かせる。 **板書** ①だれのためのポスターか。 ②何のためのポスターか。 ③視点を変えてみる。	■**ワークシート（P.66）を配布し、ポスター作りの過程を確認する。**

学習活動	支援・留意点
T：今回は誰のためのポスター？ C：新1年生。 T：何のためのポスター？ C：学校に来ることが楽しくなるようなポスター。 T：では、視点を変えるって、どういうことかな。 C：いつも見てないところを見る？ T：そうだね。 ▶いつもは見ることのないところを見てみることや、いつも見ているものでも、見る方向や、見る立場を変えて見ることが大切である。具体的な例として、人物を3方向から撮影した写真を見せる。 上から撮る　　下から撮る　　正面から撮る C：怖そう！／やさしそう。／えらそう。… T：同じ人だけど、撮る方向が違うと、ずいぶんイメージが変わるね。 ▶次に、ポスターに欠かせないキャッチコピーに気づかせ、視点を変えたキャッチコピーについて説明する。	👆同じ物を3つの角度から撮影したものを用意しておき、印象を考えながら見ていく。（人物がわかりやすい。） 上から…かなしそう 下から…えらそう 正面から…やさしそう

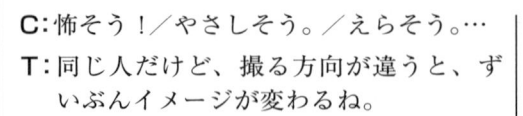

学校紹介ポスターを作ろう！

学習活動	支援・留意点
T：キャッチコピーのコピーとは、文章のことです。キャッチって、どういう意味かな？みんなキャッチボールっていう言葉は知っているよね？ C：『つかむ』だ！ T：そう、キャッチコピーとは心をつかむ文章です。今回なら、みんなが伝えたいメッセージを新1年生の心をつかむような文章で表現します。 C：うーん。むずかしそう。 T：じゃあ視点を変えたキャッチコピーって、どういうことかな？	👆 いつも見たり使ったりしているものや、感じたりしていることを、例えばアリの気持ちになってみたらどうかなとか、机の立場になって考えたらどうかな、と、いつもと違う視点で物や人や風景などを表現してみるよう具体的に例示してみるとよい。

10分　作戦会議をしよう

T：では、ほかの班にアイデアがもれないように秘密の作戦会議をしよう。いろんな人や物や風景などを、視点を変えて、デジカメで撮りに行きましょう。学校生活のどんな楽しさを新1年生へのメッセージにするか、何をどういうふうに撮った写真を使うか、班で考えてください。	👆 秘密の作戦会議にすることで、意欲的になるので、よりよいアイデアを考え出す雰囲気を盛り上げる。 👆 学校生活で楽しいことやおもしろいことを子どもたちに出し合わせ、決めさせるとよい。

20分　写真を撮りにいこう

C：ここから校庭が、一望できるよ。 C：給食室に、行ってみよう。	■デジタルカメラ 👆 危険を避け、授業の邪魔にならないよう注意する。

学習活動	支援・留意点

30分　写真を1枚選び、キャッチコピーを考えよう

T:写真を決めたら、キャッチコピーも考えよう。同じ写真でも、キャッチコピーで全く違うものになるよ。どんなメッセージを伝えるのか、確認してね。

C:視点を変えるって難しいね。

C:でも、ちょっとおもしろいね。

▶画用紙（四つ切）を班に1枚配布し、ポスターを作らせる。写真を1枚選ばせ、プリントアウトして渡す。視点を変えて、いろいろなキャッチコピーを出し合わせる。よいところをどんどんほめ、その上でよりよい作品にするためのヒントを与える。

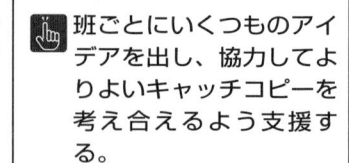

☞班ごとにいくつものアイデアを出し、協力してよりよいキャッチコピーを考え合えるよう支援する。

■画用紙（四ツ切）

15分　完成したポスターを発表しよう

▶班ごとにポスターを発表し、感想を伝え合う。

C:「みんなをまちつづけているとけい」

T:工夫したところは？

C:キャッチコピーを時計の立場になって考えてみました。写真も下から、時計が立派に見えるように撮りました。

☞工夫点をまとめ、発表させる。

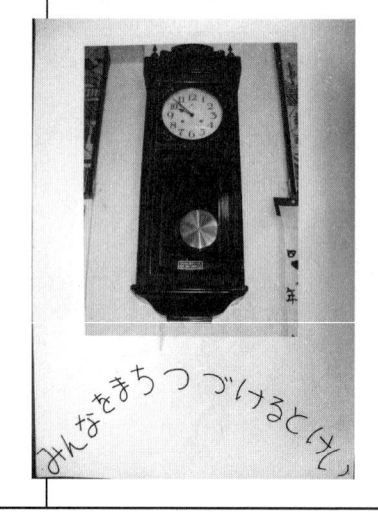

学校紹介ポスターを作ろう！

学習活動	支援・留意点
▶プロからのメッセージを伝え、今後の生活の中でもポスターを作る際には、今回のポイントをおさえて制作できるようにする。 **プロからのメッセージ** 視点を変えてみることで、いいポスターができると思います。ポスターは、見て、そこからもっとこれはどういうことなのかなと考えたり、何かを感じたりできるものがいいポスターだと思います。ひとひねりが大事です。 芦田　健	ポスターを見る側に立ったときにも、作り手の意図を考えどんな思いで作られたのかを感じながらポスターを見ることを楽しめるようにしたい。

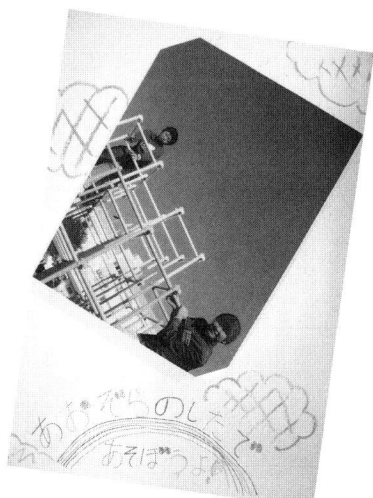

ワークシート

ポスターを作ろう！

班　名前
_____

1 ポスター制作のポイントを確認　　　　　☆今回は？

①　　　　　　　　　　　　　　　→
_____

②　　　　　　　　　　　　　　　→
_____

③　　　　　　　　　　　　　　　→
_____

2 伝えたいメッセージを考えよう。

```
┌─────────────────────────────────────┐
│                                     │
│                                     │
│                                     │
└─────────────────────────────────────┘
```

3 そのメッセージを伝えるために、撮影(さつえい)する場所・人・ものは？

```
┌─────────────────────────────────────┐
│                                     │
│                                     │
│                                     │
└─────────────────────────────────────┘
```

4 デジカメで撮影(さつえい)に行こう。

5 撮(と)ってきた写真から、1枚を選ぼう。

6 キャッチコピーを考えよう。（いろいろ考えてみよう。）

```
┌─────────────────────────────────────┐
│                                     │
│                                     │
│                                     │
└─────────────────────────────────────┘
```

7 写真とキャッチコピーで、ポスターを完成させよう。

8 発表

学校紹介ポスターを作ろう！

授業者からのメッセージ

　電車に乗る機会が多かった私は、中吊り広告をはじめ、ポスターを見ることが好きだった。心に残るポスターが、いくつもあった。自分とは違う観点からものを見ているポスターを出合うことが楽しみだった。ポスターの楽しさを子どもたちにも知ってほしいと考えると共に、ポスターから学ぶことは多いと考えている。

　学校でもポスターを作る機会は多いが、それは必ずしも見る人を想定して作られてはいるとは限らない。誰が見るのか、何のために作るのか、届けたいメッセージは何であるのか、より印象的に伝わるにはどうしたらよいのか。こういった点を意識してメッセージを伝えることを学んでほしい。

　学校現場ではメッセージをストレートに伝えるポスター制作が多く行われているが、今回はアサツーディ・ケイのアドバイスにより、子どもたちは視点を変えるという「ひとひねり」を加えた表現に取り組む。視点を変えるという発想から、身近な生活の中でも新たな発見をしてもらいたいと考える。

石井和恵

東京都
江戸川区立鎌田小学校
石川悦子

　この学校紹介ポスターの実践をもとに、遠足を利用して「江戸川区をPRするポスターづくり」もおこなった。学校のデジタルカメラだけでは、全部の班に行き渡らない。そこで、NPO法人企業教育研究会の協力を得て、企業よりデジタルカメラを借りることができたので、子どもたちはたくさんの写真を撮り、そこから写真を選ぶ活動を積極的におこなっていた。また、広告代理店の方の「ポスターづくりのポイント」のビデオも参考に、見る側に立ったポスターづくりを意識できたようだ。

3 シャンプーの新商品を考えよう！

協力企業：株式会社 エフティ資生堂

授業担当・執筆　松本真奈

小学校	総時間数	総合的な学習の時間
5・6年	2時間	情報

授業の概要

　シャンプーは、ただ汚れがよく落ちれば売れるというものではない。コンセプト、ネーミング、品質、デザイン、宣伝など様々な情報を加え、売れるように工夫がなされている。そしてその工夫は、開発から宣伝・販売の一連の流れを視野に入れておこなわれているものである。本授業では、シャンプーという身近な商品の開発過程を体験的に学ぶことを通して、子どもたちが情報社会についての理解を深め、関心を高めることを目指す。

企業担当者より

　『ティセラ』というシャンプーを題材に、身のまわりの物がどんなふうに考えてつくられているのかということに、少しでも興味を持ってもらえば、考える力が生まれます。「想像し、創造する。」感性豊かな子どもたちに、わずかでも刺激を与えることができたならば光栄です。
　　　　　　マーケティング本部　小山剛司

シャンプーの新商品を考えよう！

授業のねらい

- すべての情報には送り手の意図があることを知る。
- その上で今後どのように情報と付き合っていくか考えることができるようになる。

指導計画

※本書では、2003年春に放送されたCMを用いて授業をおこなっています。読者が授業をされる際には、その時のCMに合わせて内容を修正していただく必要があります。

時間	学習活動	支援・留意点
導入 5分	① ティセラ"プチセクシー"と"プリキュート"のCMを流す。 ② エフティ資生堂の方からの依頼文を紹介する。	どこの会社の商品か確認する。
展開 15分	③ ティセラを題材とし、実際に商品がどのようにして作られるかを学ぶ。	図や表を用意する。
発展 60分	④ 班に分かれて、新商品のアイデアを考え、ワークシートにまとめる。 ⑤ 班ごとに発表する。	班ごとに作業させる。 ワークシートを用意する。 あまり意見の出ない班にはアイデアを与える。 どのような意図で作ったのか確認する。
まとめ 10分	⑥ エフティ資生堂の方からのメッセージを紹介する。 ⑦ 商品には、開発・宣伝・販売という一連の過程を経て、送り手の意図が反映されたものになっていることを確認し、このような意図をどう受け取っていくか、今後の生活の中で考えてほしいとまとめる。	

授業の実際

T：教師（授業者）　C：子ども

学習活動	支援・留意点
5分　新シャンプーのアイデア募集 T：今日はみんなに見てもらいたいものがあります。 ▶エフティ資生堂のシャンプー、ティセラ『プチセクシー・プリキュート』のCMを流す。 T：このCMは？ C：プチセクシー、プリキュート T：この会社の商品は？ C：資生堂！ T：このシャンプーの開発にかかわったエフティ資生堂の大坪さんからみんなにお願いがあるとのことで、手紙をいただいています。 **プロからの手紙** 今日はみなさんにお願いがあります。いま、小学生向けの新しいシャンプーを売り出そうと考えているのですが、みなさんが何をほしがっているのかアイデアに非常に困っています。そこでぜひ皆さんの若い頭で、大人が考えつかないような商品のアイデアを考えてください。すばらしいアイデアはエフティ資生堂で採用させていただきます。 ▶企業の開発担当者からのお願いということで、子どもたちは、集中して聞いていた。	■CMビデオ 大坪さん
30分　商品の開発・宣伝方法を学ぼう T：もう一度CMを見て、その伝えようとしている内容を詳しく読み取ってワークシートに整理してみましょう。	

シャンプーの新商品を考えよう！

学習活動	支援・留意点
▶ワークシート①を配布し、CMを見ながらわかることを埋めるように指示する。子どもたちは、ワークシートの項目にそって目をこらしてCMを分析していた。 T：みんな書けたようなので、確認しましょう。 ▶ワークシートの項目にある、タレント、色、柄（マーク）、ファッションの順にプチセクシーとプリキュートについて確認して共通認識を形成する。 T：この商品の名前やタレント、色や柄はどのようにして決まったと思う？ C：適当に考えた。 T：実は、適当に考えたのではなく、開発担当のプロが詳しく調査して、それをもとにいろいろ話し合って決めているそうです。 ではこれから、プロがどのように調査して決めていくのかを教えてもらいましたので、説明します。 ▶これから開発するシャンプーもこのようなやり方で考えていくとよいのでよく聞くように伝える。 T：このシャンプーは誰のために作られたかわかるかな？ ❶ ターゲットを決定する C：若者！／女の子！ T：このシャンプーの特徴は？ ❷ 特徴を決定する C：香り！ T：どんな柄がはやっているかな？ ❸ 流行に合わせる ▶プロの人があらかじめ調査をおこなったことを伝える。	■ワークシート①（P.74） ■CMビデオ ☞黒板にワークシートを貼り、確認する。 ☞板書しながら、説明していき、最終的な板書を以下のようにする。 **板書** 1. ターゲット… 　　若者、女の子 2. 特徴(ちょう)… 　　香り 3. 流行… 　　花や蝶(ちょう)の柄(がら)、 　　プチという言葉 4. 容器… 　　（ポスターから切り取って貼る） 5. 宣伝(せん)方法… 　　CM、雑誌、インターネット

学習活動	支援・留意点
C:花！／蝶！ T:ある言葉も流行っていたけどわかるかな？ C:… T:エフティ資生堂の人が調べたときは、このプチという言葉も流行っていました。 T:今回の容器はこのように決まりました。 ❹ 容器のデザインを決める T:どんな宣伝方法があると思う？ ❺ 様々な宣伝方法を考える C:CM！／雑誌！／インターネット。 T:最近は、パソコンを持っている人が増えたので、インターネットでの宣伝も増えてきているよ。ティセラはこんなふうにして作られた商品で、小、中学生の女の子の中で一番売れています。	

40分　小学生向けの新シャンプーのアイデアを考えよう

T:以上のことを考えながら、これからみんなも小学生向けの新シャンプーを考えてみよう。大坪さんがこのほかに二つ、商品を作るときのコツを教えてくれました。 ▶二つのコツを板書する。 **板書** ■使った人がうれしくなるものを作る。 ■商品名はひとくふうしよう。	■新商品を企画・開発するためのワークシート②③④（P.75～77）を画用紙に貼り配布する。 ☝アイデアがなかなか出ない班に対しては、どうなったらうれしいかということを先に考えるよう助言する。

シャンプーの新商品を考えよう！

学習活動	支援・留意点
T：プロの人たちも新しいものを開発するときは、チームを組んで話し合いながらすすめるそうなので、みんなも班に分かれてやりましょう。	商品の意図を考えながら、話し合いがうまく進んでいるか確認する。

20分　発表しよう

▶班ごとに、ワークシートにそって発表させる。

T：いいアイデアがたくさん出たね。どれがいちばん売れそうかな？

理由も合わせて発表させる。

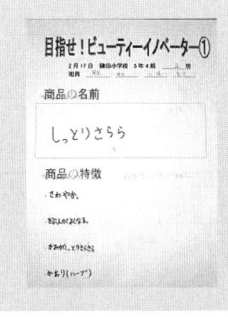

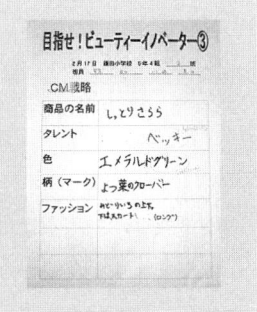

10分　まとめよう

T：最後に大坪さんからもうひとつメッセージをいただいています。

T：今日はシャンプーを題材に、商品には作った人（送り手）の考えが反映されていることを勉強しましたね。これから商品を買うときには、名前や色、柄、パッケージの形などに目を向けて、商品を開発した人が、どんな考えでこのような商品を作ったのか、考えてみよう。

プロからのメッセージ

みなさん、いいアイデアは思いつきましたか。みなさんが考えてくれたアイデアを楽しみにしています。今日はシャンプーを通して、みなさんにわたしたちの思いが伝わったでしょうか。わたしたちは、みなさんに愛される商品を毎日一生懸命考えて作っています。

ワークシート①

　　年　　組　　班　　名前

◆CMを見て、出てくる情報を整理しよう。

商品の名前	プチセクシー	プリキュート
タレント		
色		
柄（マーク）		
ファッション		

正解は上から、プチセクシーは、松浦亜弥・紫・花・セクシー系　プリキュートは、松浦亜弥・黄・蝶・キュート系

シャンプーの新商品を考えよう！

ワークシート②

目指せ！ビューティーイノベーター①

＿＿年＿＿組＿＿＿＿＿班

班員 ＿＿＿＿＿ ＿＿＿＿＿ ＿＿＿＿＿ ＿＿＿＿＿

商品の名前

商品の特徴(ちょう)

-
-
-
-

ワークシート③

目指せ！ビューティーイノベーター②

　　　年　　　組　　　　　　班

班員　　　　　　　　　　　　　　　　　　　　　

パッケージデザイン

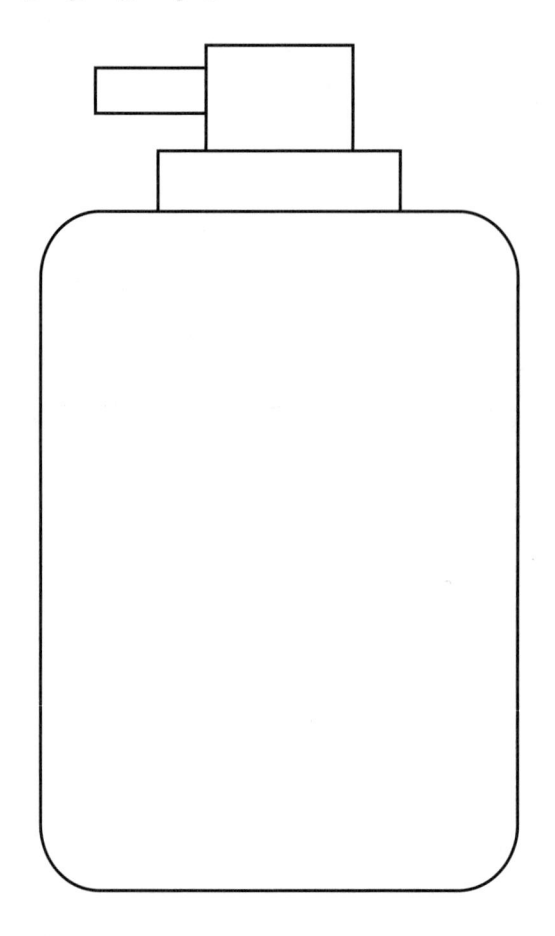

シャンプーの新商品を考えよう！

ワークシート④

目指せ！ビューティーイノベーター③

___年___組 _____班

班員 _____ _____ _____ _____

CM戦略(せんりゃく)

商品の名前	
タレント	
色	
柄(がら)（マーク）	
ファッション	

77

授業者からのメッセージ

　「ティセラ」が発売されて10年近く経つ。私も昔、アップルの香りを求めて「ティセラ」を買った思い出がある。そのときは何も考えずにただ「欲しい」という思いだけで商品を手に取っていた。そこに盛り込まれた情報に意識的に目を向けたことはなかった。しかしそういった情報に目を向けることも必要であると考え授業をおこなった。

　本授業では、身近な商品であるシャンプーを題材に選んだが、女の子向けのシャンプーを題材にすることには、男の子が興味を示すか不安があった。しかしいざ授業が始まってみると、女の子はもちろん男の子も終始意欲的に取り組んでいた。

　子どもたちの感想には「シャンプーを作るのがこんなに大変だとは思わなかった。」というものが多く見られた。今後子どもたちが様々な商品と付き合っていく時に、新たな視点をもつきっかけを作ることができる授業であり、様々な商品においても実践していってほしい。

松本真奈

東京都
江戸川区立鎌田小学校
石川悦子

　「メディアリテラシー」のさまざまな授業をおこなったことで、各学級とも、子どもたちは意欲的に学習活動に取り組むことができた。子どもたちは、それぞれのテーマに対し、企業の方からアドバイスを受けることで、活動の幅が広がった。また、自分たちの作品を見てもらうことができたのがいい経験となった。自分たちの作品が、企業の商品開発に取り上げられるかもしれないというのは、企業と連携する授業の最大の魅力だろう。

4 アップとルーズを考えて デジタルカメラを使おう！

協力企業：キヤノン販売株式会社

授業担当・執筆　塩田真吾

| 中学校 1年 | 総時間数 2時間+10分 | 総合的な学習の時間 情報 |

授業の概要

　近年、小学校や中学校でのデジタルカメラの使用が多くなってきている。例えば、調べ学習でのデジタルカメラの使用など、非常に便利で簡単だが、その時にアップとルーズを意識して撮影することによって、よりわかりやすい画像を撮ることができる。
　この授業は、メディアリテラシー入門ということで、生徒がデジタルカメラの基本操作に慣れ、アップとルーズを意識して撮影することと、日々の生活のなかでアップとルーズを意識することによって、テレビ番組などにもアップとルーズがたくさん使われていることに気づき、その効果を考えることができるようになることを目的とした。

企業担当者より

　「IXY DIGITAL・PowerShot」というデジタルカメラを題材に友達とか公園とか身のまわりの気に入った瞬間を気軽に撮影し、記録に残すことで新たなコミュニケーションの輪を広げ、子どもたちの豊かな感性に刺激を与えることができれば光栄です。

デジタルカメラ商品企画 第二課　三木和彦

デジタルカメラを使おう！

授業のねらい

- アップとルーズを考えてデジタルカメラを使うことができる。
- テレビ番組にも使われているアップとルーズを意識し、その効果を考えることができる。

指導計画

時間	学習活動	支援・留意点
導入 15分	①あらかじめ撮った校舎内にあるモノのアップ写真を見せ、クイズにする。正解が出たところでルーズ写真で、確認させ、アップとルーズの説明をする。	アップとルーズについて興味を持てるようにクイズ形式にして動機づけをする。
展開 35分	②生徒が校舎内外を散策し、アップとルーズのクイズ写真をつくる。	アップとルーズを意識しつつも、わかりやすいクイズ写真をつくれるように支援する。
発展 30分	③撮ってきたクイズ写真をグループ内で1つ選び、発表（クイズ）をする。発表の時には、クイズのヒントや撮影で工夫した点なども発表する。	どんな点に注意したかも発表させる。
まとめ 20分	④アップとルーズはデジタルカメラの撮影だけでなく、テレビ番組でもよく用いられていることに気づく。アップとルーズを多用したテレビ番組を視聴し、アップとルーズがどう用いられているかを考える。	今後はアップとルーズを意識してテレビ番組をみることができるようにする。
〈数日後〉 講評 10分	発表！クイズ写真大賞 プロが審査したメッセージビデオレターを見る。	

授業の実際

T:教師(授業者)　C:子ども

学習活動	支援・留意点
15分　わかるかなクイズ写真？ T:今からクイズをします。テレビ画面をよく見てください。なんだかわかったら手をあげてください。 T:いくよ、せーのドン！ C:「？」 T:ヒントは、校庭にあるものです。 C:わかった！ C:テニスコートのネット！ T:正解！ T:これが正解の写真です。 ▶ここでルーズ写真を見せ、子どもたちに正解を確認させる。このようなアップとルーズのクイズ写真をいくつか見せたところでアップとルーズの説明をする。 T:(アップの写真を見せながら)近づいてある部分だけを大きく撮ることをアップ、(ルーズの写真を見せながら)離れて全体を撮ることをルーズといいます。 これからみんなにもデジタルカメラを使って、このようなアップとルーズのクイズ写真をつくってもらいます。	■**アップとルーズのクイズ写真（校舎内をとったもの）** ☞デジタルカメラのデータがスクリーン（テレビ画面）で見られるように接続しておく。 ☞いきなり5・6枚のクイズ写真を見せる。クイズ写真は、あらかじめデジタルカメラを使って、校庭や人物のアップ写真とルーズ写真を撮っておく。クイズとしてアップ写真を、正解としてルーズ写真を見せる。 アップ ルーズ

デジタルカメラを使おう！

学習活動	支援・留意点
35分　クイズ写真をつくろう！ T：クイズ写真は、アップ写真1枚、ルーズ写真1枚でセットです。場所は、学校内の好きなところでかまいません。撮った写真は、プロに見てもらいます。わかりやすく、おもしろい写真を1人1セット以上撮ってきてください。 ▶ここで、デジタルカメラを生徒に配り、簡単な使い方を説明する。 さらに、撮った写真はキヤノン販売株式会社のデジタルカメラ商品企画担当者の三木和彦さんに見てもらうことを伝え、三木さんからのメッセージ付のワークシートを配布する。 ▶いくつかの班に分かれて作業開始。各班、クイズ写真なので他の班にはわからないように写真を撮りに行く。 C：鉄棒撮ろうかな。 C：近づきすぎるとわからないよ。 ▶アップで撮る際、近づきすぎるとシャープに撮れないことがあるので注意させる。 C：（撮った写真を見せながら）先生これわかる？ T：なに、これ？ヒントは？ C：プールの近くにあるもの。 T：水道の蛇口？ C：正解！ C：水道の蛇口を下から撮ったんだ。 T：すごいね、おもしろいね。	☞アップとルーズを意識しながら撮影できるよう支援する。 ■デジタルカメラ （できれば各班に1台ずつ） ■ワークシート（P.86） ☞アップの場合は、デジタルカメラのチューリップのマーク（マクロボタン）を押すと、接写ができることを伝える。 アップ ルーズ 〈生徒作品〉

学習活動	支援・留意点
30分　クイズ写真発表！	
▶子どもたちがそれぞれの場所から戻った順に写真をプリントアウトし、ワークシートを仕上げさせる。 T：これから、クイズ写真の発表会をします。班で話し合って、班の中から1人のクイズ写真を選んでください。 ▶他の班にわからないように1人の作品を選ぶ。 T：では、1班から発表してもらいます。わかったら手をあげて答えてください。 ▶デジタルカメラをつなぎ、撮ってきたアップ写真を見せる。 C：わかった！ C：体育館のピアノ！ T：正解ですか？ C：正解です。 ▶確認のため、正解のルーズ写真を見せる。 T：撮るとき、工夫したことや感想などあったら発表してください。 C：あまり近づきすぎるとわからないので、角度とかを工夫しました。 ▶全ての班のクイズが終了したところで、デジタルカメラとワークシートを回収する。全作品はCD等にコピーし発表できなかったクイズ写真は別の機会を設けて発表させることを伝える。	👆デジタルカメラとスクリーン（テレビ画面）をつなぐ。 アップ　　〈生徒作品〉 ルーズ 👆クイズだけでなく、工夫した点、感想などを聞く。
20分　アップとルーズを探してみよう	
T：今、みんなにはアップとルーズを注意してクイズ写真を撮ってきてもらいましたが、実は、みんながいつも見ているテレビにもアップとルーズは使われています。	■番組のビデオ。（プロ野球中継やサッカー中継などのアップとルーズが程よく、組み合わされているビデオがよい。）

デジタルカメラを使おう！

学習活動	支援・留意点
▶ここで、事前に用意したビデオを見せる。 T：どんなときにアップとルーズが使われていましたか？ C：選手の表情を映すときはアップ、球場全体を写すときはルーズを使っていました。 T：そうですね。このようにアップとルーズは写真を撮るときだけではなく、テレビの映像にもたくさん使われています。これからテレビを見るときは、このようにアップとルーズを意識して見ると、プロがどのように仕事をしているかわかるよ。 T：今日みんなが撮った作品はキヤノン販売の三木さんに見てもらいます。どんな感想がくるか楽しみにしていてください。	👆 テレビの映像にもアップとルーズが使われていること、その意味について話す。 ㊟ 本稿では、キヤノン販売の三木さんに審査していただいたが、読者が授業される際には、教師や保護者、地域の人に審査してもらうという方法もある。

―数日後―

10分　発表！クイズ写真大賞

▶三木さんに審査していただいたビデオレターをみんなで見る。

T：みんなの作品を見てもらいました。三木さんは、非常にいい写真が多いと驚いていました。

▶ビデオレターの内容は、全員の作品の中から大賞、アイデア賞など作品を5枚選び、その作品について良いところ、アドバイスなどをしていただいている。

キヤノン販売三木さんからのメッセージ

　大賞の作品は「水道の蛇口」です。この写真を選んだポイントは、アイデアのおもしろさです。蛇口を下からとるアイデアはすばらしいです。そして、青空との対比もいいですね。

　みなさんも、このような自由なアイデアで楽しみながら写真を撮ってください。

ワークシート

クイズ写真をつくろう！

みなさん、こんにちは。
キヤノン販売の三木和彦です。
アップとルーズを
意識しながら
おもしろい写真を
撮ってくださいね。

年　　　組　　　名前

▼アップ

作品タイトル

工夫したところ

▼ルーズ

デジタルカメラを使おう！

授業者からのメッセージ

　授業の場面で子どもたちがデジタルカメラを使う機会がふえてきた。周辺機器の取り扱いも改善され、撮ってすぐ見ることができることはありがたい。本授業では、デジタルカメラ全般についてキヤノン販売の三木和彦さんにご協力をいただいた。

　映像としてアップで撮るか、ルーズで撮るかを意識することでよりわかりやすい写真を撮ることができる。例えば、対象者（物）そのものをアップで撮るか、それとも周りの情景を入れてルーズで撮るかでは、できあがった写真から受けるイメージはかなり異なる。子どもたちが取材などに出かけ撮影するとき、アップかルーズかを意識することで、取材の目的をより明確に捉えることができるであろう。

　今回、子どもたちのクイズ写真を三木さんに見ていただき、評価をいただけた。プロの評価を得るということは、子どもたちの学習の動機づけに有効であり、授業者にとっても学ぶことが多かった。　　　塩田真吾

千葉県
松戸市立根木内中学校
教頭　　矢口敏雄

　私たちの普段おこなっている授業から、一歩進んだように思った。

　子どもたちの想像力をよりかきたてて、イメージそのものを自分の世界に引き込み、自由にカタチを変えているようであった。発想の転換というが、日常生活における様々なカタチを再認識し、既成の概念を見直すよい機会であった。

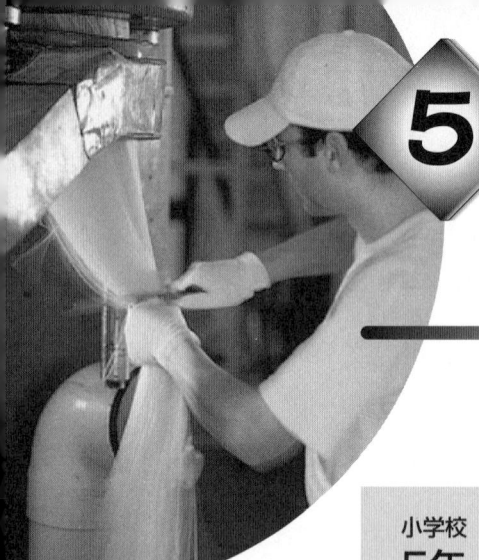

5 クイズで学ぶ輸入食品
パスタはどんな旅をしてきたの？

協力企業：株式会社 明治屋

授業担当・執筆　田村亜季子

小学校	総時間数	社　会
5年	1時間	食品の生産と輸入

授業の概要

　「食」のグローバル化は急速に進み、子どもたちの食生活の中にも外国から輸入された食品は多数登場している。今回の授業は、そんな食品の輸入について楽しく学ぶことをねらいにおいた、「クイズ番組形態の授業」と「輸入のプロの協力を得た授業」という2つの特徴を持った授業である。

企業担当者より

　一企業人として、自分の仕事がこのような形で子どもたちの教育現場でお役に立ち、子どもたちにも興味をもってもらえるような今回の試みは、今後もぜひ授業の中に取り入れて続けていって頂きたいと思います。私共でも今回のように色々な形で教育現場への協力ができればと感じます。

小売事業本部　名越　秀二

パスタはどんな旅をしてきたの？

授業のねらい

- 輸入は様々な人とのかかわりや工程を得て実現していることを理解する。
- 輸入について理解するとともに、日本と相手国との国民性や習慣の違いに気づく。
- 身の周りの食品には外国から輸入されているものがあることを理解する。

指導計画

時間	学習活動	支援・留意点
導入 5分	① 食品輸入のプロである「明治屋」の紹介とクイズのルールについての説明を聞く。	各班に分かれ、それぞれの役割やルールについて理解できているか確認する。
展開 30分	②（授業では、クイズをビデオにまとめたもので進めたが、ここではその内容を紙面で展開してある。） イタリアからのパスタ輸入担当者、名越さんの協力で、イタリアについて、そして輸入の仕事について作った、ストーリー性のあるクイズに答えながら学ぶ。また、外国の食品が日本の店頭に並ぶまでの簡単な流れを紹介する。	子どもの新たな発見や納得につながるように解説を工夫する。 解説にはなるべく写真を利用するなどして子どもたちがイメージを描きやすいようにする。
発展 5分	③ 社会科資料集等で、日本の食糧自給率について確認する。	子どもたちに身のまわりの食品にも海外から来ているものがたくさんあることに気づけるようにする。
まとめ 5分	④ 輸入のプロである名越さんへの質問や感想を書く。（後日、お返事をいただく。）	協力企業担当者に渡すことを伝え、子どもたちがリアルな社会とつながりを実感できるようにする。

授業の実際

T:教師（授業者）　C:子ども

学習活動	支援・留意点
5分　明治屋さんを知ろう！ T:今日は輸入の仕事についてのクイズをします。今回は、明治屋という会社の名越さんがみんなに輸入や外国について知ってもらいたいということで、クイズを用意してくださいました。明治屋さんはここにあるような外国の食品（右写真）を輸入している会社です。こういうお菓子は見たことあるかな？ C:ない！	実際に輸入菓子を前に並べて見せるとよい。
30分　輸入物語クイズに挑戦しよう！ ▶イタリアからパスタを輸入している名越さんからのクイズに挑戦する。 **Q1** 名越さんが輸入しているパスタ（右写真）はどこの国のパスタでしょう？ 　1．アメリカ 　2．イタリア**（正解）** 　3．中国 ▶各班で答えを示した後、正解と解説を聞く。 **解説** 　イタリアの位置（フランス・スイス・オーストリアの3つの国に接していること）や形（長靴のような形をしていること）について地図で確認する。	■ワークシート①（P.97） （得点表） ■選択肢の番号札 各班に得点表や選択肢の番号札を配布し、確認しながらクイズの説明をする。 ■世界地図の掛図 選択肢の各国の場所を地図で確認する。

学習活動	支援・留意点

Q2 名越さんは、イタリアへ行って、どうやってパスタを選んだのでしょう？
1. 地元の人に聞いて、地元で売っているパスタを選んだ。**(正解)**
2. とにかく売っているパスタを全部選んだ。
3. カンで自分が食べたいものだけ選んだ。

▶各班で答えを示した後、正解と解説を聞く。

解 説
　名越さんは、おいしいパスタを探すには、地元の人に聞くことがいい方法だと思った。さらに多くの商品の中から、日本人に合いそうなものを何種類か選んだ。

T：名越さんは地元の人においしいパスタを聞いたんだね。ここのおいしいものは何？
C：落花生！いちご！ぶどう！
T：もし他の地域や他の国の人が来てここのおいしいものは何ですかって聞かれたら教えてあげられるかな？
C：うん、落花生だって言う。

Q3 名越さんは輸入するパスタを選ぶために何種類のパスタを食べたのでしょう？
1. 3種類
2. 5種類
3. 8種類 **(正解)**

▶各班で答えを示した後、正解と解説を聞く。

学習活動	支援・留意点
解 説 　選んだパスタは実際に自分で食べてみることが大切であること。 　名越さんがたくさんのパスタを持って帰ったため、家族の食事はしばらくの間パスタばかりの日が続いて少し嫌がられたとのこと。 T：みんなも毎日パスタだったらいやになっちゃうかな？ C：えぇ～、僕はパスタ好きだから毎日パスタでもいいよ。 **Q4** イタリアでは、1日のうちのいつに一番多く食べる習慣があるでしょう？ 　1．朝 　2．昼 **(正解)** 　3．夜 　4．真夜中 ▶正解のあと解説として、習慣の違いについて話し合う。 T：イタリアではお昼休みをたっぷりとってお家で家族とご飯を食べる習慣があるんだって。日本とは違うよね。 C：うん、僕たちは、帰れないし、時間ないよ。 **Q5** 8種類の中から『モレーリ家のパスタ』を選んだ名越さんは、輸入するために、次にしたことは何でしょう？ 　1．イタリアのモレーリ家（パスタ工場）を実際に訪ねた。**(正解)** 　2．イタリアに行って『モレーリ家のパスタ』をたくさん買ってすぐに日本に帰った。 　3．日本から『モレーリ家のパスタ』をすぐに取り寄せた。	👆 名越さんがたくさんパスタを持って帰って家族に嫌がられたエピソードを紹介すると、子どもたちにも身近に感じられる。 👆 クイズの間にストーリー性を持たせる解説をする。 👆 モレーリ家のパスタ工場の写真を見せる。

パスタはどんな旅をしてきたの？

学習活動	支援・留意点
▶各班で答えを示した後、正解と解説を聞く。 **解 説** 　輸入しようとする商品をどんな人が、どんな風に作っているかを実際に見ることが、輸入担当者の責任であること。 **Q6** 輸入が始まって、1つ困ってしまった名越さん。どんなことに困ったでしょう？ 　1．イタリア人はおおらかなところがあり、ふぞろいのパッケージが多かったこと。**(正解)** 　2．イタリア人は几帳面なところがあり、パッケージがとても複雑だったこと。 　3．イタリア人はマイペースなところがあり、約束通りに届かなかったこと。 ▶各班で答えを示した後、正解と解説を聞く。 **解 説** 　日本は、何でもピシッとパッケージをするが、イタリアではあまり気にしないため、シールが曲がっていたり、穴が同じ位置にあいていなかったりするパッケージが多く困った。 　このことは、日本とイタリアの国民性の違いから生じた問題だったが、お互いによく話し合い、理解しようとする気持ちをもつことで解決できた。 T：名越さんはどうやって問題を解決したんだっけ？ C：よく話し合う！	

学習活動	支援・留意点
	名越さんからのメッセージ 　語学ができることも大切ですが、相手の国の人を思いやりをもって理解しようと心がけ、お互いのコミュニケーションが図れるようになることがとても大切なことです。 　みんなは、これから将来、いろいろな国へ行くと思うけれど、そういう時に自分は日本の代表なんだという気持ちで、日本のこととか自分の考えとかを世界の人と話せるようになってくださいね。
▶輸入されてきた外国の食品が日本に渡ってきてからみんなが買いに行くお店に並ぶまでの過程を食品の旅として説明をする。	
輸入されてきた食品がお店に並ぶまでの旅	👆予め用意しておいた流通の過程を示す紙を黒板に貼っていきながら説明する。

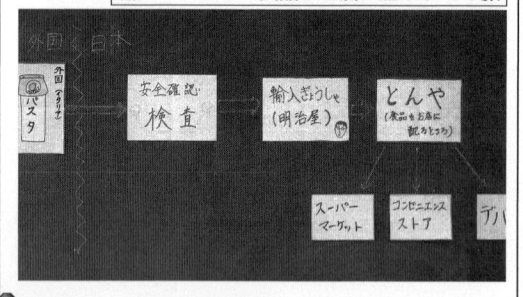

5分　輸入が増えているということは？

T：実はみなさんの周りにはたくさんの輸入食品があるんです。資料集を見てください。	👆子どもたちが普段使用している社会科資料集等を活用する。
▶年代別の食糧の輸入量変化が示されている資料を提示し、資料で果物、穀物や肉類が多く輸入されていることを確認する。	
T：グラフを見ると果物や穀物、肉類の輸入の量が増えているよね。輸入が増えているということは日本で作られる量は？ C：減っている。	👆輸入が増えることによって起こる問題もあることを子どもたちに気づかせる。

学習活動	支援・留意点
T：そうだね。これについては次の時間に勉強するからおぼえておいてね。	次の授業につながるように伝えておく。

5分 　　名越さんへメッセージを書こう！

▶最後に班ごとのクイズの得点結果発表をして、明治屋さんへの質問と感想を書く。

※後日、子どもたちの質問に対する答えをいただきました。

■ワークシート②（P.98）
（明治屋さんへの質問・感想用紙）

子どもたちの感想および質問に対する名越さんからの答え（抜粋）

感想

● 最初は輸入業者さんって何？と思いましたが、クイズをやって輸入のお仕事のことがよくわかりました。

● 明治屋さんがクイズを出してくれたおかげで、いろんな検査を通って（輸入食品が）私たちの所に来ることがわかりました。

● クイズをしただけで勉強になりました。勉強が楽しくなりました。ありがとうございました。

● イタリアの習慣などもわかってよかったです。

質問

Q：外国から輸入された食品はどのように検査するのですか？

A：検疫所というところで、体に悪いものは入っていないか、日本の食品衛生法に違反していないかといったことを検査して食品の安全性を確認します。

Q：もし、食品の安全検査にひっかかったらどうなるのですか？

A：廃棄処分や輸入メーカーに送り戻すこともあります。

Q：イタリアではどんな食品が有名ですか？

A：もちろんパスタがとても有名ですが、オリーブオイルは日本でいう醤油のようにイタリア人にとって大事な調味料です。他にも、チーズやトマト、コーヒーやワインも好まれています。

Q：名越さんはパスタの他にも輸入していますか？

A：イタリアからは他にも、オリーブオイルやソース、コーヒー、トリフというきのこを使った食材やチョコレート。オーストリアからはジャムも輸入しています。

Q：輸入はいつごろから始まったのですか？

A：カステラが16世紀に宣教師によって伝えられ、明治維新と文明開化によりチョコレート、ビスケット、キャンディー、ドロップなどが輸入されました。ガムは大正5年にアメリカから輸入されました。

Q：食品を輸入するとき、一番大切なことは何ですか？

A：人体に安全なことが一番です。そして勿論美味しくなくては意味がありませんね。

Q：お菓子の輸入の仕方もパスタと同じですか？

A：同じです。輸入された商品は安全性などの検査を受けます。

Q：明治屋さんは明治時代にできたから明治屋なのですか？

A：その通りです。創業は1885年、明治18年です。

Q：外国から輸入されたお菓子はどのくらいあるのですか？

A：去年2002年の輸入菓子量は約10万トン。日本で去年生産された量は、約192万トン。日本の生産量の20分の1位です。

パスタはどんな旅をしてきたの？

ワークシート①

輸入食品物語クイズ

得点表　　班名（　　　　　）

問題	答え	採点（○×）
Q1		
Q2		
Q3		
Q4		
Q5		
Q6		

得点　（○の数）

点

ワークシート②

感想・質問

明治屋さんへ

名前 _____

パスタはどんな旅をしてきたの？

授業者からのメッセージ

　本授業は、子どもたちが親しみやすい「クイズ番組形態」でおこなった。実際はビデオでクイズを表示していったが、ビデオでなくてもクイズを紙面で表示していくやり方で充分である。その際、クイズ番組の雰囲気を出すために教師がクイズ番組司会者として「シンキングタイムスタート！」「答えを一斉に上げてください、どうぞ！」といった台詞を使ったり、子どもたちが考えている時間は軽快なBGMを流したりするなどの工夫をすると授業も盛り上がってよいと思う。今回おこなった授業でも、「クイズ」ということで社会科という普段勉強している教科に対しても新鮮な気持ちと"挑戦"という意識で積極的に取り組む子どもたちの姿が見られた。また、クイズにストーリー性をもたせたことで、子どもたちの興味を持続させることができた。そして、今回紹介したクイズは、ほとんど勘で選ぶような内容であったが、子どもたちの思考力や推理力を使えるようにクイズの内容を工夫するとさらに面白みが増し、子どもたちにとってしっかりとした学びとなるだろう。　　　田村亜季子

　この授業は、クイズという子どもたちが楽しみながら学習を進めることができるよさがある。また、専門家の話を聞くことができるという意味では、とても価値ある学習である。

　　小学校の社会科で貿易を扱う場合、一般的には、「もの」の流通に目が向きがちである。しかし、そこには取り引きを支える「人」がいて、消費者のニーズに合わせて、安全で安心できるものを選んでいるのである。

　　この仕事に携わっている人が、自らの仕事内容を伝え、メッセージを送ってくれたことで、子どもたちが現実社会とのかかわりを考えることにつながったと思う。

千葉県
旭市立富浦小学校
林　宏

6 福祉とコンピュータ
技術で創る バリアフリー社会

協力企業：日本電気株式会社（NEC）

授業担当・執筆　石井和恵

| 小学校 高学年 | 総時間数 4時間 | 総合的な学習の時間 福祉 |

　この授業は、経済産業省及び財団法人コンピュータ教育開発センターによる「産業協力授業プロジェクト」として実施しました。「産業協力授業プロジェクト」は、学校現場での情報技術を活用した授業の促進・教育関連機関と産業界との継続的な交流・産業界および地域社会の保有する教育資源の有効活用を目的としています。
　なお、この授業で使用した教材ビデオにつきましては、「産業との協力授業」ホームページをご覧ください。
　　　　　http://www.cec.or.jp/e2a/sangyou/

授業の概要

　本授業では日本電気（NEC）の福祉への取り組みに着目し、そこで働く人や開発されている製品を通して、福祉が技術や知恵で支えられている面を学び、みんなで福祉を支えようという思いを育てる。
　また、子どもたちには、福祉に貢献しようと働く人々の姿から、他者のために自分ができることを考える姿勢を育み、将来の夢へとつなげてほしいと考える。

技術で創るバリアフリー社会

授業のねらい

- 福祉は技術によって支えられている面もあることを知る。
- 誰もが生活しやすい環境を、みんなで創っていこうとする意識を育てる。

指導計画

時間	学習活動	支援・留意点
第1時	① 4時間の流れを確認する。 ② 7問のクイズにまとめた教材ビデオを通して、様々な人がいること、身の回りにはいろいろな工夫があること、技術や知恵で開発されたいろいろな製品があることに気づく。	・3・4時間目を目指し、1・2時間目でわかったことを生かしていけるようにする。 ・クイズや解説を通して得た知識をアイデアや実生活に生かせるように支援する。
第2時	③ 具体的なコンピュータ製品としてパソコンを紹介する。2種類のパソコン周辺機器を説明した教材ビデオを見る。 　1 ズームテキスト (画面拡大ソフト) 　　※体験版ソフトダウンロード可能 　2 オペレートナビ (スイッチを使って画面上のキーボードを操作するソフト)	・どういった人のための、何のための、どういうソフトなのかを確認する。 ・どこかが不自由だからパソコンが使えないというのではなく、どうしたら使えるか、使いやすいかという、前向きな考えをもてるようにする。
第3時	④ もし自分が目が見えなくなったり、見えにくくなったりしたとき、今と変わらず友達と勉強したり、遊んだりするのに便利なコンピュータ製品のアイデアを班ごとに考える。	・1・2時間目の授業で考えたこと、知ったことを生かし、話し合いの中でよりよい製品アイデアにつなげられるように支援する。
第4時	⑤ 発表会を開き、アイデアについて話し合う。	・人のアイデアを認め、よりよい製品にするにはどうしたらいいかを考えるよう指示する。

企業担当者より（第1時間めを担当）

福祉技術というテーマを子どもたちにまっすぐに伝え、自分の問題として考えてもらうことはチャレンジでした。授業をするのは本当に楽しく、子どもの視点の柔らかさ、理解の速さ、エネルギーに圧倒され、学校と企業とNPOの全力のコラボレーションは私にとっても素晴らしい経験になりました。

NECデザイン　池田千登勢

授業の実際

T：教師（授業者）　C：子ども

学習活動	支援・留意点
1時間目　**5分**　コンピュータ会社の社員になろう！	
T：これからみんなには、コンピュータ会社の社員になってもらいます。こんなコンピュータを開発してもらいます。（板書参照）ただし、いきなり開発はできないので、みんなには2つの研修を受けてもらいます。研修というのは、会社で働く人がする勉強のことだよ。 C：へー。 T：では、さっそく1つ目の研修です。	研修というと子どもたちは難しそうと不安になるが、様々な製品を見ていくことを伝え、意欲を高める。 **板書** 新製品開発アイデアコンペ **テーマ** 目が見えなかったり、見えにくい人と、学校で一緒に勉強したり遊んだり、楽しくできるようなコンピュータ製品のアイデアを考えよう。
35分　様々な人がいて、身の回りにはいろいろな工夫があることを知ろう！	
T：まず、クイズを通して福祉について考えていきましょう。NECの池田さんがクイズを通していろいろ教えてくれます。クイズは全部で7問です。クイズビデオを見ながら班ごとに相談して答	■クイズ教材ビデオを流す。 ■資料（P.110・111） 　（クイズ教材ビデオ内容と補足ポイント）

技術で創るバリアフリー社会

学習活動	支援・留意点
えてください。 C：よし、がんばるぞ。 **Q1** 次の3つのリモコンはどれも視覚障害者や高齢者にとって使いやすいように工夫されています。この中で1番工夫点が多いリモコンはどれでしょう？ 　　①番のリモコン 　　②番のリモコン 　　③番のリモコン T：さあ、どれでしょう？シンキングタイムは30秒です。シンキングタイムスタート！ ①　②　③ T：さあ、答えをあげてください。 　　③、③、②、①、①…①番が多いね。どうして①番だと思った？ C：いろいろな機能ができそう。 T：どうして③番だと思った？ C：ボタンが大きいし、それぞれに色も変えている。 T：なるほど。では、正解ビデオを見てみましょう。 　『正解は…③番のリモコンです。』 C：よし！／やったー！ T：では、解説をじっくり聞こう。新しくわかったことは、ワークシートにメモしておこう。製品開発アイデアのヒントになるかもしれないよ。	■番号カード 　（班ごとに配布） ■ワークシート①（P.113） 　（クイズの正解や解説からわかったことをメモするシート　各自に配布） ☞身の回りの工夫された製品を用意し、実際に触れてみることができたらよい。 例：シャンプー・リンスのボトルやライター、音声読み上げ携帯電話など。 ☞なぜそう思ったのかを聞き、理由をクラスで共有する。 ☞資料の解説を参考にまとめる。さらに補足ポイントを参考に、知識を深める。 ☞アイデアの参考になる情報なので、解説をよく聞くよう指導する。

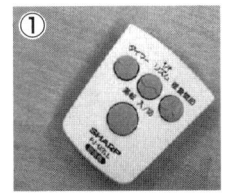

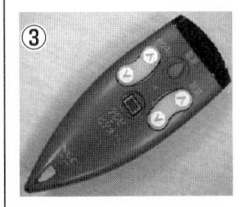

103

学習活動	支援・留意点

解説

③番のリモコンは触っただけで、向きがわかるような形です。ボタンも大きく、それぞれに形が違います。色もボタンごとに違います。突点（触れるとわかるでっぱり）もついています。

C：すごーい。
▶第2問～第7問は資料を参照のこと。

5分　まとめよう

T：何問できたかな？
C：5問できた！
T：拍手。クイズを通してわかったことを発表しよう。
C：工夫がある道具がいっぱいあった。
▶アイディアシートを配布
みんなも今日から身の回りで工夫できるアイデアを考えて、アイデアシートに書いてみよう！

クイズ等で得た知識をヒントに、日常の生活を振り返る。みんなが使いやすいように、より工夫できる点や、改良できる点を考えるよう、課題を示す。

■ワークシート②（P.113）
（日常生活の中でも注意をし、アイデアを考えメモするアイデアシート）

企業担当者より（第2時間めを担当）

先生方のもつ教育への情熱と企業人のもつ実社会での体験をNPOが有機的に結びつけて次世代を育てる、ユニークな実践事例。福祉という難しいテーマであったにもかかわらず、将来こういう仕事をしてみたいと言う子どもたちの感想を聞いて、参加できて良かったと感じています。

パーソナルソリューション企画本部　澤野明郎

技術で創るバリアフリー社会

学習活動	支援・留意点
2時間目 **5分** **パソコンを知ろう！** ▶前回はさまざまな製品を見たが、今回はコンピュータ製品のパソコンに絞る。パソコンを例に実際に使われているパソコン周辺機器2種から学ぶ。 T：2つ目の研修です。コンピュータ製品の中で、情報のやりとりをするのにとても便利なものといったら何でしょう？ C：パソコン！ T：そうですね。携帯電話やFAXなど便利なものがたくさんあります。その中でもパソコンはインターネットで情報を検索したりメールでやりとりできたりと、大変便利です。 では、目が見えない人や、見えにくい人はパソコンが使えないのかな？身体の不自由な人は使えないのかな？ C：？？ T：今日の研修では、NECでソフトを開発している澤野さんに出演してもらって作ったビデオを見て、身体の不自由な人も、パソコンを使いやすくするように開発された製品を2種類見ていこう。	👆 前時の復習、ストーリーの確認をする。 👆 障害がある人にとって、大きなバリアの1つが情報であることにふれ、パソコンをはじめとするコミュニケーションツールをどううまく利用していくかがバリアフリーへの大切なポイントであることを伝える。
23分 **パソコンで体験してみよう！** **ズームテキスト** 目の見えにくい人のための画面拡大ソフト。 **拡大・縮小操作を見る** T：では、みんなも実際にズームテキストを起動して、拡大作業をしてみよう。 ▶各機能がどうして必要なのかを考えながら体験するよう指示する。	■パソコンを何台か用意する。（「ズームテキスト」インストール済み） 👆 どんな人のための、何のためのソフトなのかを確認する。

学習活動	支援・留意点
C：ここを押すんだよね。／でっか〜い。／でっかすぎてわかんなくなるよ。 　白黒反転機能を見る C：おー色が変わった。／黒い背景に白い文字が見やすいかも。 T：さて、画面拡大ソフトで困ったことがあるみたいだね。 C：でっかすぎて（画面の中で）迷子になった。／文字が読みにくくなった。 T：実は、それについてはすでに工夫がされているんです。 ▶ビデオの続きを見る。 C：すごく工夫されてできているんだね。 　オペレートナビ 上肢の不自由な方のためのスイッチ操作でパソコンが操作できるソフト。 C：すごい、息でパソコンを操作できるんだ！ C：いろんな製品があるんだね。 T：実際に使われているものにはこんなものもあります。まだまだ完璧ではなくて、澤野さんや開発者の人は、利用者の意見を取り入れながら、よりよい製品にしようとがんばっています。	■ズームテキスト操作ガイドシート（P.109）を配布 ☞ 各機能がどうして必要かを理解できるように支援する。 ☞ このような製品を使うことでパソコンが操作ができるようになる人がいることを意識させる。 ☞ どんな人のための、どういうソフトなのかを確認する。 ☞ けがをしたときなどを想定し、自分たちにとっても身近な問題として引き寄せるよう支援する。 ☞ 教師用パソコンでオペレートナビをデモンストレーションする。 ☞ 会社で働きながら、みんなが生活しやすくなることを考えて、がんばっている人の姿を感じてもらう。

3時間目　25分　製品のアイデアを話し合おう！

T：今日はいよいよ班ごとに製品のアイデアを出し合い1つにまとめてもらいます。
いろいろなアイデア製品を、池田さんや澤野さんに教えてもらったことを生かして考えてみよう。

技術で創るバリアフリー社会

学習活動	支援・留意点
学校生活のいろいろな場面について考えてほしいので、班ごとに場面を分けます。 ▶教室で勉強する場面・体育館で運動する場面・玄関から教室まで移動の場面・給食の場面など班の数だけ場面を設定する。 玄関から教室まで移動する場面の担当の班 C：アイデアシート見せあいっこしよう！ C：スロープっていうのはいいね。／自動で動くっていうのもいい考えだね。／じゃあ合体させよう。 T：それぞれのいいところといいところをしっかり考えて、必要なものだけを入れることにしよう。 C：ユニークな製品名考えよう！ トイレの場面担当の班 C：リモコンで呼んだらきてくれるトイレにしよう。 T：でも、少しはずかしくない？ C：カーテンがあるから大丈夫！／カーテンだけじゃ嫌だな。／じゃあ、呼んだらトイレまで連れて行ってくれることにしよう。／でも便器が動くのははずかしい。／移動のときは、車椅子型になるようにしよう。 T：問題点は問題点として書いておいていいよ。 ▶子どもどうしの話し合いと、教師のアドバイスで、どんどんアイデアがふくらむ。	☞「もし自分が目が見えなくなったり、見えにくくなったりしたとき、今と変わらず友達と勉強したり、遊んだりできるような工夫をこらしたコンピュータ製品のアイデア開発」に取り組めるように、テーマを確認する。 ■ワークシート③（P.114） （班でアイデアをまとめるシートを配布） ☞障害がある人の立場になって考えてみるようアドバイスする。 ☞よいアイデアは、たくさんほめ、認める。
20分　発表用画用紙にまとめよう！	
T：発表用の画用紙の仕上げと、発表の準備をしよう。いいアイデアは、商品化されるかもしれないよ。 C：手分けして書こう。	■発表用画用紙八ツ切3枚・四ツ切1枚 （各班1セットを配布する。四ツ切にイラストを説明をかかせる。）

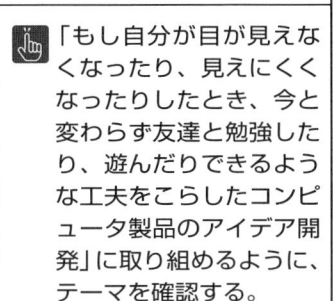

107

学習活動	支援・留意点

4時間目

40分　発表しよう！

C：製品名は、「かわり手」です。／食事の場面について考えました。／カメラのついた手が飛びます。メニューも読み上げてくれます。食べたいものを言うと食べさせてくれます。

C：質問はありませんか？

C：手が飛ぶとどういうところがいいんですか？

C：食事の準備もしてくれます。食事以外にも使えます。

C：そうかあ。いいね。

▶製品名も興味をひき、メニューを読んでくれる点も、眼の見えない人にはとても助かる点である。

T：空を飛ぶ仕組みというのは、どうやるのか課題が大きいね。ただ、小さくて持ち運べるという点は、とてもいいと思います。腕が動くロボットというのは実際にありますが、持ち運べて、いろいろなものに使えるという発想はとてもいいね。

■ワークシート④（P.114）
（他の班のアイデアのよかった点、もっと工夫できる点を記入するシートを配布）

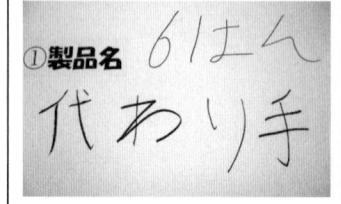

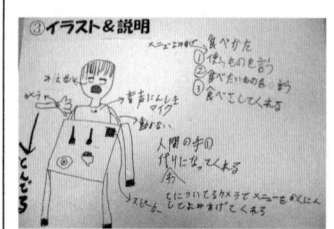

①製品名　6はん　代わり手

③イラスト＆説明

5分　まとめ

T：みんないろいろなアイデアを考えてくれました。最後に澤野さんからのメッセージを読みます。

澤野さんからのメッセージ

いいアイデアを考えられたかな。
自分のことだけじゃなくて、みんなが生活しやすいようにするにはどうしたらいいのか、今回の授業をきっかけに考えていってほしいと思います。

▶それぞれに修了証書を授与して終わる。

☞今後の生活の中で、みんなの生活を考えることを忘れないよう澤野さんからのメッセージを伝える

■修了証書
（一人ひとりに渡す。）

修了証テキスト
あなたは研修をとおして学び、ユニークなアイデアを考えることができました。
これからもこの体験を生かしてみんなが生活しやすくなるように協力していきましょう。

ガイドシート

ズームテキスト操作ガイド

____年____組 名前_____

拡大・縮小

▲1〜16倍に拡大する。
▼16〜1倍に縮小する。

色の反転

画面と文字の色を変える
（白い背景に黒い文字→黒い背景に白い文字に。黒い背景に白い文字→白い背景に黒い文字に。）

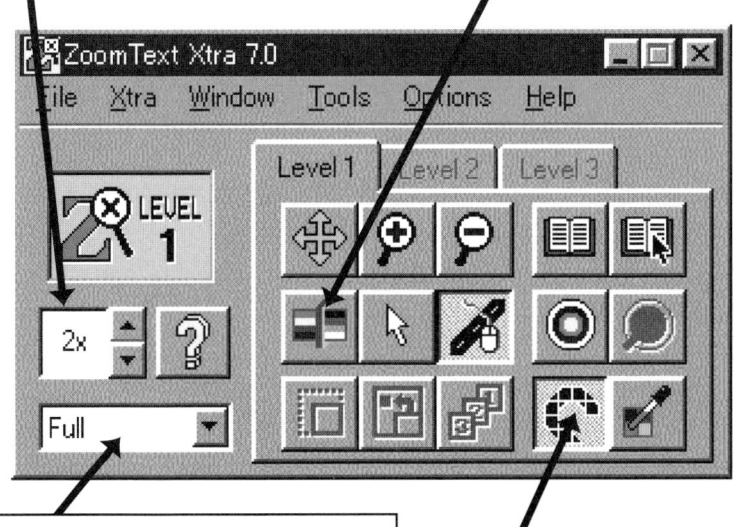

画面分割

▼をおすと，H-Split・V-Split・Lensが選べる。
H-Split → 上下にぶんかつ
V-Split → 左右にぶんかつ
Lens → レンズ機能（むしめがね）
（ Full → 全画面 ）

文字のスムージング

拡大してギザギザになった文字を、なめらかにする。

資料 クイズビデオ（17分）の内容と、補足ポイント

Q1
次の3つのリモコン、どれも視覚障害者や高齢者にとって使いやすいように工夫されています。この中で1番工夫点が多いリモコンはどれでしょう？

① 1番のリモコン　② 2番のリモコン　③ 3番のリモコン **(正解)**

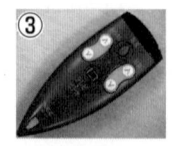

解説　3番のリモコンは触っただけで、向きがわかるような形です。ボタンも大きく、それぞれに形が違います。色もボタンごとに違います。突点もついています。
他にも工夫をこらした製品はたくさんある。
握るペンの紹介、文字の大きい電卓の紹介、小さい力でペットボトルのふたや缶のプルタブを開けられる商品の紹介。

補足ポイント
　　身の回りには他にもたくさん工夫があるものがある。実際に用意し、触れる機会がつくれたらいい。
　ex. ● シャンプー・リンスのボトル（触ってわかるようになっている。これは目の見えない人のために考えられ、結果的に目が見える人にとっても便利となったものの例。）
　　　● ライター（昔、戦争で片腕を失った兵士がマッチの変わりに片手で使えるように開発された。）
　　　● テレフォンカード（度数によって切り込みの数が違う。）

Q2
一般的に目の見えづらい人にとってどの字体が読みやすいといわれているでしょうか？

① 中太ゴシック **(正解)**　　② 明朝体　　③ **太いゴシック**

解説　見え方は人によって違うことを説明。
視覚障害者といわれる人にはにはまったく目が見えない人もいれば、弱視という状態もあり、また弱視の方の見え方も、それぞれに違うことを確認する。

補足ポイント
　　見え方は人によって違うので、自分が見ているものがすべての人と同じ見方であるわけではないことを確認する。

技術で創るバリアフリー社会

Q3 次の４つの色の組み合わせの中で（①白と黒、②黄と青、③赤と緑、④オレンジと黄緑）生まれつき色の見え方が違う人にとっても見分けやすいのはどれでしょう？答えは１つでないかもしれません。

（正解）　① 白と黒　　② 黄と青

解説　色の違いでの区別に加えて、色名を書くといったような工夫ができることの紹介

補足ポイント
男性の15人に１人が色覚障害があると言われている。色の見え方も、自分が見ている見方が、全ての人と同じではないことを確認する。

Q4 まったく目の見えない人はどうやってお札を区別しているのでしょうか？

① 大きさ **（正解）**　　② でこぼこの丸い印（じゃのめ）　　③ におい

解説　じゃのめは実際には、しわで大変わかりにくくなってしまっている。

補足ポイント
実際にお札を用意し、大きさを比べたり、じゃのめをさわってみる体験をするとよい。
オーストラリアの紙幣は、種類ごとに大きさも色も違い、工夫されているので、手に入るようならよい見本として紹介したい。

Q5 耳の聞こえない人とのコミュニケーション手段として口話でのやりとりがある。春夏秋冬どれと言っているのでしょう？

（１）（無声で）秋　　（２）（無声で）夏

解説　聴覚障害がある方とお話するときは、相手のほうをよく見て、はっきり話すことに気をつける。

補足ポイント
他にも筆談や空書きといった方法もある。身振り手振りで間違いやすい情報については確認することも大事である。例えば「１時に待ち合わせましょう。」と「７時に待ち合わせましょう。」は、口話では「１」と「７」が見分けにくい。よって、指で１や７をだして、情報を加えることで間違いがなくなる。

身の回りのコンピュータを紹介。

> **補足ポイント**
> 　　身の回りのコンピュータ製品を振り返ってみるとよい。コンピュータ製品はたくさんあり、しかもなくてはならないものとして使われているものが多いことを確認する。

Q6
普段良く見る自動販売機ですが、この自動販売機を使いにくいと感じる人がいます。次の中から考えてみましょう。答えは１つではありません。

① 子ども　　② 高齢者　　③ 目の見えない人　　④ 手に障害がある人
⑤ 車椅子にのっている人　　①②③④⑤、全部（**正解**）

解説 福祉施設などに設置されている、障害がある方にとって使いやすい工夫がされた自動販売機を紹介。
- 子どもや車椅子に乗った人が使いやすいように、下側にもボタンがついている
- 取り出し口も、それほどしゃがまなくてよい位置になっている
- 目の見えない方が、どの飲み物か分かるように、点字がついている
- コインもすきまに入れるのは大変なので、おくだけでいいように受け皿になっている

等の改良点がある。

> **補足ポイント**
> 　　工夫がたくさんなされていること、しかし、まだまだ完璧ではないことをおさえておく。まだ不便と感じる人がいて、できるだけそういった人をなくすように、改良していこうとしている。

Q7
駅の券売機についている、テンキーは何をするものでしょうか？

① お金の計算ができる　　② 電話がかけられる
③ 音声ガイド操作ができる（**正解**）

解説 身近なところに工夫がたくさんあり、コンピュータを使った製品の工夫もたくさんある。

技術で創るバリアフリー社会

ワークシート①

クイズで学ぼう！

___年___組 名前_____

●さまざまな人のために工夫されている製品などを、クイズをとおして見ていこう。

問題	班の答え	正解	クイズをとおしてわかったことをメモしよう！
①			
②			
③			
④			
⑤			
⑥			
⑦			

ワークシート②

アイデアシート

___年___組 名前_____

●身の回りの工夫できるところ、こんな製品があったらいいなと考えたものを、メモしておこう！

こんなとき	こんなところが不便	こうなったらいいな・こういう製品があったらいいな（イラストと説明）

113

ワークシート ③

アイデアをまとめよう！

班名 _____

● みんなでアイデアを出し合って、まとめよう！

● 製品名を決めよう。

どんな場面でこの製品が必要かな？
（何のためにこの製品が必要かな？）

この製品で工夫したところを書こう。

● イラストを書こう。
（イラストだけでわからないところは文章で説明しよう）

ワークシート ④

アイデアコメントシート

___年 ___組 名前 _____

● みんなの考えた製品のアイデア発表を聞いて、よかったところや もっとこうしたらいいなと思ったところをメモしておこう！

班	製品名	● よかったところや ▲ もっとこうしたらいいなと思ったところ
1班		● ▲
2班		● ▲
3班		● ▲
4班		● ▲
5班		● ▲
6班		● ▲

技術で創るバリアフリー社会

授業者からのメッセージ

　全授業を通して、子どもたちは意欲的に取り組んでくれた。『こんな道具があるんだ』『身の回りで工夫を考えるようにしたい』『福祉の授業をまたしたい』といった感想ももった。本授業で、子どもたちの福祉への問題意識が高まったようだ。
　コンタクトレンズやめがねの開発で、生活が便利になった人が増えた。車いすの開発で、生活が便利になった人も増えた。さまざまな生活を便利にする道具があり、工夫もある。できないことができるようになるために、技術や知恵は大きく貢献している。障害があっても、その障害をサポートする道具があれば、できることは広がる。少し頭をひねって工夫することで、便利になることがある。それを知ることで、福祉はみんなで支えるものだということを、子どもたちは学んだ。いろいろな人がいることを理解し、自分も福祉へ貢献するのだという思いをもってくれたのではないか。
　『開発者になりたい』と授業後に元気に話しかけてきてくれた子どもがいたことは印象深い。
　　　　　　　　　　　　　　　　　　　　　　　　　石井和恵

千葉県
旭市立琴田小学校
小笠原親子

　福祉というものを、ふだん子どもたちは、意識することなく生活している。
　しかし、この福祉の授業では、インスタントシニア体験や目の見えにくい人のためにコンピューター画面を拡大するソフトの体験等の様々な体験をした。これらの体験を通し、ハンディキャップのある人を特別な人ではなく、自分にも起こりうることととらえ、学習に取り組む姿が見られた。
　ハンディキャップがある人のための製品アイデアを考える活動をおこなったことで、まわりを意識し、相手を思いやる気持ちが育ってきたと感じた。

7 インタビューのプロ・テレビ記者に学ぶ
「つっこみインタビュー」のコツを身につけよう!

協力:テレビ局報道記者

授業担当・執筆　森坂悠紀

小学校	総時間数	国　語
5年	45分	

授業の概要

　インタビュー活動は、子どもが意欲的に取り組む学習の一つであり、学校外の人とふれ合うことは、新鮮さをともなう学習である。しかし、その経験は不足しており、深まるインタビューにまで至っていないのが現状である。

　本授業では、プロのテレビ記者の協力を得て、一問一答形式ではなく、「相手の答えの中から次の質問を作り出していく」──つっこみ──という形のインタビュー能力を身につける実践を試みた。

協力者より

　私たちが仕事でインタビューをする時には、同時進行でいろいろなことを考えます。

　「質問はちゃんと伝わったか」「相手は何を言いたいのか」「面白いエピソードを引き出せたか」「相手は気持ちよく話しているか」「このコメントは視聴者が聞いても理解できるか」「次はどんな質問をしようか」……　インタビューとは、実に奥の深い「ことばの真剣勝負」なのです。

　授業では、子どもがその入り口を体験し、会話を楽しんでくれたらと思います。

放送局勤務　　遠山友季

「つっこみインタビュー」のコツを身につけよう！

授業のねらい

- 深まるインタビューをするために、効果的な方法や相手に対する配慮を身につけることができる。
- シミュレーションを通して、インタビューのための適切な準備ができる。

指導計画

時間	学習活動	支援・留意点
導入 10分	① 教科書（平成15年度版　教育出版・5年）やプロに取材してまとめた資料（ビデオ）を参考にして、インタビューの方法や配慮することを話し合い、インタビューのコツをつかむ。（実際の授業では、プロへのインタビューはビデオにまとめて視聴させた。）	教科書で扱った留意点を整理した後に、インタビューのプロ・テレビ記者の方の話を資料にまとめたものを読み、メモを取らせる。 一問一答形式のインタビューでは、目的を果たせないことがあると気づかせる。
展開 30分	②「つっこみインタビュー」のお手本を見る。 ③「つっこみインタビュー」の練習をする。 （インタビューする側、される側を交代しながら練習をする。）	授業者と学習支援ボランティアが教室の前に出て、練習がスムーズに進むように、「つっこみインタビュー」のお手本を示す。 メモ担当にメモをとるように指示する。 うまくできたところを認め、自信がもてるよう助言する。
まとめ 5分	④ 感想を発表し合い、学習を振り返る。	成果と改善点は、できるだけ具体的にするように指示する。

授業の実際

T:教師（授業者）　C:子ども　ボ:学習支援ボランティア

学習活動	支援・留意点

10分　インタビューのコツをつかもう

T：今日は、インタビューのコツについて勉強します。まずは、教科書にのっている注意する点を見てみよう。

▶ここで、教科書で扱った留意点一人ひとり見直す。

T：教科書を見て、インタビューのポイントがわかってきたね。では、次はインタビューのプロ（テレビ局報道記者遠山友季さん）にポイントを聞いた資料があるので読んでみよう。もっと詳しいことがわかるかもしれないね。配ったワークシートにメモを取りながら聞いてください。

▶遠山さんにインタビューしたものをまとめた資料とワークシート①を配布する。教師は、資料をゆっくり読み聞かせる。

T：では、メモをとったことを発表してください。

▶メモしたインタビューのポイントを発表しあい、確認しながら板書していく。

C：相手が困らないように、わかりやすい質問をする。

C：相手の答えの中から次の質問を考える。など

☞教科書（平成15年度版教育出版「ひろがる言葉」5年生上）の留意点を意識させる。

教科書に示された留意点
- どんなことを知りたいのか、目的をはっきりとさせる。
- ききたいことを整理しておく。
- 相手にあらかじめ目的やききたいことなどを伝えておく。
- ていねいな言葉づかいをする。
- 必要におうじて写真や録音などの記録を取る。

■資料（P.122）
学校支援ボランティアがプロにインタビューのポイントをきいたもの（ビデオ）

■ワークシート①（P.123）

☞大切なことは、必ずメモを取るように促す。

板書
遠山さんのインタビューのポイント
①インタビューのテーマをはっきり決めること。
②相手にわかりやすい質問をすること。
③落ち着いて、相手の言うことをよく聞くこと。
④相手の答えの中から次の質問を考えること。
⑤とにかく、明るく元気にインタビューすること。

「つっこみインタビュー」のコツを身につけよう！

学習活動	支援・留意点
T：そうだね。全部で5つのポイントがありました。わかったかな？ではここから、遠山さんの言ってくれた、相手の答えの中から次の質問を考えるインタビューのことを「つっこみインタビュー」と呼ぶことにします。	👆 一問一答形式のインタビューでは、目的を果たせないことがあると気づかせる。

2分　「つっこみインタビュー」のお手本を見てみよう

T：今日はこれから、遠山さんのお話を心にとめてインタビューの練習をします。まずは、先生がボランティアの森坂さんにインタビューするので、やりとりを聞いてください。 ――（富浦小学校でのインタビュー例）―― T：私は富浦小学校の林です。お名前を教えてください。 ボ：森坂悠紀と言います。 T：趣味はなんですか。 ボ：趣味は、映画を見ることです。 T：どんな映画が好きですか。 ボ：ラブ・ストーリーが好きです。 T：ラブ・ストーリーの中で一番好きな映画はなんですか？ ボ：『ユー・ガット・メール』という映画です。 T：ありがとうございました。	👆 「つっこみインタビュー」をきちんと理解させるため、授業者と学習支援ボランティアがお手本を見せる。
T：今の例は、映画に始まって、ラブ・ストーリーのことをつっこんでいたね。やり方、わかってきたかな？ C：なんとなくわかってきた。 T：じゃあ、練習に入ろう。	

学習活動	支援・留意点
28分 「つっこみインタビュー」の練習をしよう	
T：では、早速練習していこう。班の中で、インタビューする人1人、される人1人、メモをする人2人、うまくできているか評価する人1人、または2人に分かれてください。インタビュー担当は、2分間のつっこみインタビューができます。 C：最初にインタビューする人をやりたい！役は交代していくんでしょう？ T：もちろん。2分たったら交代です。今からワークシートを配ります。メモ担当になった時は、記録を頑張ってください。評価担当になった時も、コメントをしっかり言ってあげるんだよ。 C：最初にインタビューする人を決めよう。 ▶子どもたちは役割を決めて、各班で練習を始める。 ――〈練習の例〉―― C1：趣味は何ですか。 C2：料理です。 C1：どうして料理が好きなのですか。 C2：自分が作った料理はおいしいからです。 C1：例えば、どんな料理を自分で作りますか。 C2：卵料理です。 　　　：	☞ 1班5人前後の8班に分かれて練習をする。 　1班に1人学習支援ボランティアがつき、インタビューされる側になったり、インタビューのやり方にアドバイスをしたりする形をとるとよい。 ■ワークシート②(P.124) ☞ メモ担当は、インタビューする人のワークシートを受け取って、質問とその答えを記録する。 　評価担当は、インタビューが終った後に、うまくつっこめていたかどうかコメントをする。 ☞ うまくできたところを認め、自信をもてるように助言する。

学習活動	支援・留意点
ボ:すごい。料理から始まって、最後は卵のことをつっこんでいたね。相手の質問から次の質問を作ることができていたよ。 C:うん。答えから質問ができていた。（評価担当） ボ:じゃあ、ワークシートの評価の部分は二重丸だね。ばっちりだ。 ▶メモ担当者が評価担当のコメントを書いて、インタビューした子どもに返して、一連が終わり役割を交代する。	早口になりがちな子どもに対しては、相手にきちんと伝わっているか確かめるように助言する。 次の質問を考えるのに時間がかかる子どもも多くいるので、質問を考える時間を与えながら、一問一問のインタビューを進めていく。

5分　感想を発表しあい、学習を振り返ろう

T:じゃあ、練習を振り返って思うことを発表してもらおうかな。 C:つっこむことがすぐに浮かばなかったけれど、楽しかった。次は、もっとうまくなるようにがんばりたい。 C:インタビューのポイントとお手本があったからよかった。 C:とても緊張したけど、ちょっとだけ慣れた。 T:うん。つっこみインタビューは、なかなか難しいね。でも、練習でだんだん質問の仕方がわかったでしょう。インタビューのポイントを忘れないで、次の時間に活かしていこう。 ▶ワークシート②を回収する。	成果と改善点は、できるだけ具体的にするように指示する。 （自信をもつことができているか、子どもの感想や表情から評価する。）

資　料

話し方のちょっとした極意　ある報道記者に学ぶ

◆インタビューをする前に気をつけていることは何ですか。

　とても大切なのは、何をインタビューしたいかということです。それをはっきりさせてからでないと、インタビューの結果を持ち帰ったときに困ったことになります。何を取材してきたのか、どう伝えるのかはっきりしないと困ります。ですから「何を取材したい」ということを、自分ではっきりさせてから行きます。

◆実際にインタビューをする時、大事なことは何ですか。

　相手にとって、答えやすい質問をすることです。答えられる質問をするということ、たずねたことに対して答えが出てくるような、相手にとって答えやすい質問をしていきます。よく相手を知らずに行くこともあります。その相手の仕事や生き方によって、答えやすい質問の仕方を考えていくことです。

　次に、相手の言ったことをよく聞くこと。これをしないと、相手も気分が楽しくないし、話が次に進んでいかないからです。ですから、相手の言葉をきちんと聞いて理解することが大事です。

　また、相手の方の話の中から、次の質問を作り出すことも大切です。インタビューと会話をするような感覚で、例えば、一回ここでおさえたら一度くい入ってくださいというふうに、その言葉の意味するところがなんとなく、相手の言ったことの中から質問を広げていって、そうして話が深まって、見えなかったことを聞きだすのです。

◆初めてインタビューをした時は、どのような感じでしたか。

　ずいぶん周りの方々に教えていただいたのですが…。だから、初めての方は緊張していて、次に何を質問するかで頭がいっぱいでした。だから、相手の話をよく聞くということがおろそかになってしまった。

◆最後に、これからインタビューに出かける学生のみなさんに、メッセージをお願いします。

　そうですね、元気にたくさん会ってください。わからなかったら、相手の方に元気がないって、おそろしく話を聞けなくなってしまいます。だから、元気にたくさん人に会ってインタビューしていってください。

「つっこみインタビュー」のコツを身につけよう！

ワークシート①

「つっこみインタビュー」を身につけよう！

なまえ（　　　　　　　　　　　　）

★遠山さんのお話のポイントをメモしよう！

◆インタビューの前に気をつけること

◆実際にインタビューをする時に気をつけること

◆初めてインタビューした時の気持ち

◆励ましのメッセージ

123

■ ワークシート②

「インタビューのコツ」を書きましょう。

●インタビューしたく……（　　　　　　）
●インタビューされたく…（　　　　　　）
●メモをとる　……………（　　　　　　）

☆友達やボランティアの人にインタビューしよう。

○質問…
●答え…

○質問…
●答え…

○質問…
●答え…

☆評価　◎よくできていた　○できていた　◁もう少し
　・答えから質問を考えていたか……（　　）
　・わかりやすい質問であったか……（　　）

☆感想・反省
（　　　　　　　　　　　　　　　　　　　　　）

124

「つっこみインタビュー」のコツを身につけよう！

授業者からのメッセージ

　今回の授業を終えた後、子どもたちは、農家の方に米作りのことについてインタビューに出かけたが、「つっこむ」という意識が生まれていて、うまいインタビューの流れが作り出せていた。また、農家の方からも、「しっかりしていて、インタビューが上手だった」とのコメントをいただいた。

　授業の最後で子どもと接した際に、「遠山さんのメッセージが印象的だった」と話している子が数人いたが、やはり、プロの方の影響は大きいようだ。

　実際の授業で使ったビデオ（本書では122頁に資料として掲載）は、遠山さんのインタビューのコツ紹介と子どもたちへのメッセージで構成した。このビデオに、さらに遠山さんが現場でインタビューをしている様子や、インタビューの例を学習支援ボランティアとやっている映像を入れると、より効果的だと感じた。　　　　　　　　　　森坂悠紀

　総合的な学習を進めていく上で、取材先から多くの情報を得るために、いかにインタビューをしたらよいかは、児童にとっての課題でした。ビデオを視聴したことで、インタビューのコツを理解し、思う存分つっこんだインタビューができました。

千葉県
市原市立辰巳台東小学校
岡本 姿子

> (注) この実践は、いくつかの学校ですでにおこなわれています。今回は、その中の辰巳台東小学校　岡本先生にコメントをいただきました。

8 自転車発電機を使ったエネルギー教育
電気をつくろう！

協力企業：有限会社 ピー・ティー・ピー

授業担当・執筆　塩田真吾・中島隆洋

小学校	総時間数	総合的な学習の時間
中・高学年	1時間	環境

授業の概要

　教室を離れるときは、照明を消しましょう。天気の良いときは、廊下の照明を消しましょう。児童はこのような言葉を何度も耳にしてきている。しかし、省エネと言う言葉を知っていても、なぜ省エネをしなければならないのかがわからない場合が多い。そこで、電気を子どもたちにつくらせ、身の回りの家電製品を実際に動かしてみる体験をすることで、自分たちの五感を通して電気エネルギーを体感し、生活のなかでの電気の使用を見直すきっかけづくりの授業とした。

企業担当者より

　今回の体験型のエコエネ授業では 子どもたちに、楽しみながらエネルギー（電気）を人力（自転車）発電機によって自分たち自身でつくる体験をしてもらい、エネルギーの大切さを実感してもらいながら、今後引き続き環境やエネルギーに興味を抱き自発的な学習意欲をかき立てる「導入の授業」として大変成果をあげる事ができたと思います。「環境は守らなければいけない」とか「省エネしなくてはいけない」といった観念的な環境教育から脱却した「カラダデカンジル」環境教育の場を数多く作っていきたいと思います。

PTP　福嶋　輝彦

電気をつくろう！

授業のねらい

- 自らの力で自転車をこぎ、発電する体験を通して、エネルギーを生み出すためには大きな力が必要であることに気づく。
- 体験を通して、普段の電気の使用を見直すことができる。

指導計画

※自転車発電機についてのお問い合わせ先
㈲ピー・ティー・ピーへ（P.153）

時間	学習活動	支援・留意点
導入 5分	①コンセントの先はどこにつながっているのか、電気はどこで、どうやってつくられるのか、発電についての概要を学ぶ。	コンセントの先を意識させる。
展開 10分	②テレビ、CDラジカセ、ドライヤー、ライト、扇風機のなかで、自転車発電で動かす、つけることができるものは何かを予想し、答え合わせをする。	ワークシートを使い、クイズ形式でおこなう。
発展 20分	③テレビ、CDラジカセ、ドライヤー、ライト、扇風機などを実際に自転車発電機を使い動かしてみる。	たくさんの電気を使って電化製品が動いていることを知る。
まとめ 10分	④テレビを動かす人、ゲーム機を動かす人、ゲームをする人を決め、協力して電気をつくり出す。 ⑤体感した電気エネルギーを生み出す感動を忘れないように、普段の電気の使用を見直す。	普段のゲームが、たくさんの電気を使っていることを体験させる。

授業の実際

T:教師（授業者）　C:子ども

学習活動	支援・留意点
5分　電気はどこからやってくる？	
T:みんなは、電気を使うときどうしますか？ C:コンセントに差し込む。 T:そう、コンセントにつなげると使えるよね。では、コンセントの先はどうなっていると思う？ C:電線につながっている。 T:では、電線の先は？ C:発電所。 T:そうだね。発電所につながっているね。発電所では、大きな発電機がくるくる回って発電しているんだけど、では、その発電機は何で動いていると思う？ C:石油を燃やして動いている。 C:風の力を利用している。 T:そうだね、発電機はそういったエネルギーを利用して動いているよね。 そこで今日は、ここに小さな発電所を持ってきました。 C:ええーっ。 T:今回は、みんなの足を使って電気をつくってもらいます。	☞コンセントの先を意識させる。
10分　動く？動かない？家電製品	
▶周囲を子どもたちが取り囲めるくらいのスペースのある場所に自転車発電機と子どもたちになじみのあるいくつかの家電製品を設置しておく。 T:では、これからこの自転車発電機を使って電気をつくってみたいと思います。	■自転車発電機と家電製品をつなぐ。

電気をつくろう！

学習活動	支援・留意点
この自転車は、電気をたくさんつくればつくるほど、ペダルがどんどん重くなっていきます。つくった電気で、ここにある、扇風機、テレビ、ライト、ドライヤー、CDラジカセを動かしてみたいと思います。でも、その前に、みんなにどれが動くか予想してもらいます。班のみんなで相談して答えをワークシートに書こう。 ▶ワークシートを班に１枚ずつ配布し、動くと思ったものには〇、動かないと思ったものには×をつけるように指示する。 C：ライトはつくよ。／テレビはつかないよ。大きいもん。 C：うん、テレビはつかないと思う。 C：テレビは無理だね。 C：扇風機とドライヤーは動くと思う。 C：うん、小さいからね。／CDラジカセは無理でしょ。／大きいから、無理かなぁ。 T：さあ、では聞いてみましょう。 T：扇風機がつくと思った人？ ▶大多数の子どもたちが手をあげる。 T：テレビがつくと思った人？ ▶パラパラと数人が手をあげる。 　CDラジカセ—パラパラと数人 　ライト—大多数 　ドライヤー—大多数の子どもたちが手をあげる。 T：ライトとドライヤーは多いね。じゃあ、実際に正解を見てみようか？ T：はい、ここに自転車発電機があります。実際に学習支援ボランティアの人にこいでもらいましょう。みんなは、うまく動いたら大きな拍手、動かなかったらブーイングをしてください。	■ワークシート（P.132） 👆 動く・動かないだけでなく、理由も考えさせるようにする。 ■学習支援ボランティア

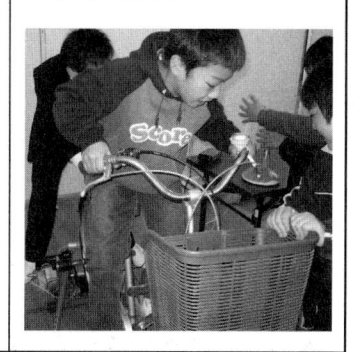

129

学習活動	支援・留意点
T:では、扇風機からどうぞ。 ▶学習支援ボランティアがペダルをこぐと、すぐに扇風機が動き出す。 C:わー、動いた！（拍手） T:はい、扇風機は動きました。では次のライトはどうかな？ ▶学習支援ボランティアがペダルをこぐと、すぐにライトがつく。次にしばらくこぐとCDラジカセから音楽が流れ出す。 C:すごい！動いた！（拍手） T:ここまでは全部動いてるね。では、テレビはどうでしょう？ C:絶対、無理だよ。 T:どうかな？お願いします。 ▶学習支援ボランティアがペダルをこぎ、しばらくするとテレビに番組が映し出される。 C:すごい、動いた！／映ってる！（拍手） T:動きましたね。意外だったかな？ T:では、最後にドライヤーです。 ▶学習支援ボランティアがペダルをこぐが、まったく動かない。 C:がんばれー。 ▶さらにペダルをこぐが、全く動かない。 C:動かないよ。（ブーイング） T:はい、ドライヤーは動きませんでした。実は、このドライヤーは小さいけど、ものすごく大きな電気が必要なんだよ。 T:ライトは簡単についたよね。 C:うん、ついた。 T:このドライヤーはライトの5倍～10倍の電気が必要なんだ。そのほかにも、テレビやCDラジカセはなかなか動かなかったでしょう。実は、みんなが普段	👆小さな電化製品でもたくさんの電気を使うことを説明する。

電気をつくろう！

学習活動	支援・留意点
よく使う家電製品はこんなに電気を使っていたんです。	
20分　電気を体感	
T：では、みんなにも体験しもらいましょう。 ▶順番に自分が動かしてみたい家電製品を選び、挑戦する。全員が体験できるように指示する。 C：テレビをつけるの大変！ C：ライトも意外と大変！ C：先生でもテレビは40秒しかつかないよ。 C：CDラジカセのペダル重いよー！ C：CDラジカセ動かすの疲れる！	👆教師も体験すると大人でも大変ということがわかる。 👆必ず全員が体験できるようにする。順番を待つ間にも動かしている人に集中できるようことばをかける。
10分　協力して電気をつくろう	
T：では最後に、みんなが大好きなテレビゲームを協力して動かしてみよう。テレビをつける人、ゲーム機を動かす人、そしてもう一人はゲームで遊ぶ人──ペダルをこぐのをやめるとゲームができないよ。頑張ってね。 C：テレビつかないよ〜。 C：あ、消えた。 ▶途中でゲームが消えてしまうチームもありながら、ゲームを体験した。電気を発電し続けてゲームを継続することの大変さを実感する。 T：はい、みんなが今、体験したように、ゲームをやり続けるのにもすごく電気が必要だったね。これからは、この自転車発電機で体験したペダルの重さを忘れないで、毎日使っている電気のことを考えながら生活してください。	👆時間がとれれば、子どもたちにこれからの生活について話し合わせるようにする。

ワークシート

動くと思うものには○、
動かないと思うものには×をつけましょう。

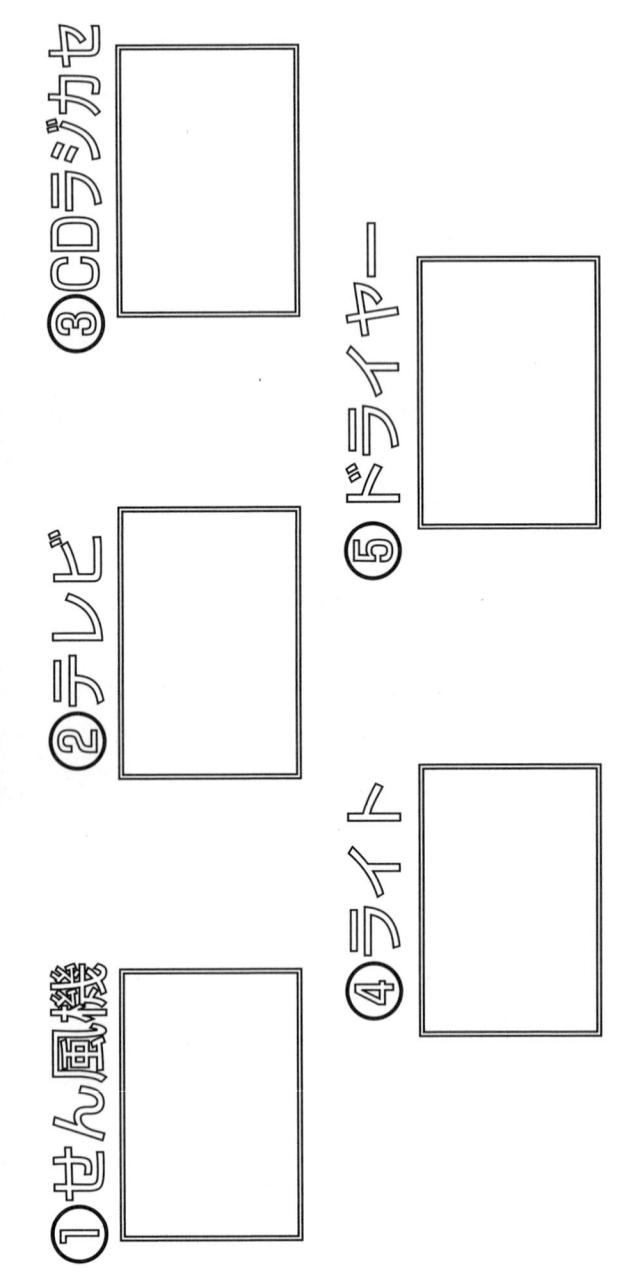

①せん風機

②テレビ

③CDラジカセ

④ライト

⑤ドライヤー

授業者からのメッセージ

　環境の授業ではよくエネルギー問題をあげ「電気を無駄に使わないようにしよう」「節電をしよう」などと、スローガンように呼びかけるが、なかなか活動が長続きしないというのが現状である。

　原因はいくつかあるが、例えば「(電気を)あまり身近に感じない」という理由もあるようである。よく「□□ワット節電すると□□円お得」というたとえで、電気を身近なものにするという方法はあるが、子どもたちにとっては「□□円お得なんだ、ふ〜ん。」ぐらいにしか捉えられず、あまり電気そのものを身近に感じないことが多い。確かに、□□ワットなどという電気そのものを身近に感じないので節電に興味がわかないという子どもたちの理由は当然かもしれない。

　そこでこの授業では『電気を体感する』というテーマのもと、自転車で電気をつくり出した。普段、なにげなく使っている電気を『体感』することで、子どもたちは電気そのものを身近に感じることができたと考えている。

塩田真吾　中島隆洋

千葉県
旭市富浦小学校
林　宏

　目で見ることも触ることもできない電気を、自転車をこいで発電することことにより、その存在価値を実感することができた授業である。

　この授業をおこなったことで、子どもたちは、自らの電力消費を改善しようとする行動をとるようになった。

　「節電しましょう」と呼びかけるよりも、「電気を作り続けましょう」と自転車発電した方が、節電の大切さを実感でき、効果的であると感じた。

9 未来の技術で考える環境問題
FOMAのテレビ電話を使って取材しよう！

協力企業：株式会社 NTTドコモ
株式会社 イトーキ
富士通株式会社
JR東日本
本田技研工業株式会社

授業担当・執筆　塩田真吾

小学校	総時間数	総合的な学習の時間
高学年〜	4時間	情報・環境

授業の概要

　現代社会における環境は、心情面だけでなく、技術や知恵によって支えられているという面もある。例えば、二酸化炭素を削減するような自動車を開発したり、ITの活用で環境問題を考えたりと、現代社会では、様々な技術で環境をよくしようという取り組みがおこなわれている。

　この授業では、「環境」をテーマとして子どもたちが自ら取材先の企業を選び、インターネットなどで下調べをしたうえで、取材先の企業では、学習支援ボランティアが子どもたちと企業担当者とのコーディネイト役を勤めた。FOMAのテレビ電話を使い、企業を取材する。環境を少しでも改善しようとがんばっている人の仕事ぶりを通して、子どもたちが未来の技術で環境をよくすることの意義を理解することを目指す。

FOMAのテレビ電話を使って取材しよう！

授業のねらい

- FOMAのテレビ電話を使い取材することができる。
- 企業が未来の技術などを開発し、環境に負荷を与えないよう取り組んでいることを知ることができる。

指導計画

※本書の実践は、中学1年生を対象におこなったものです。

時間	学習活動	支援・留意点
第1時	① 子どもたちが『環境に悪い』とイメージするもの（例えば、自動車、ペットボトル、洗剤など）をあげ、なぜ悪いと思うのかを考えた後、では実際はそれらを作っている人たちはどう考えているのか、どのような取り組みをしているのかをFOMAのテレビ電話を使い取材することを伝える。	「環境に悪い」とはどういうことなのかをFOMAのテレビ電話を使い企業に取材し解き明かすとすることで学習への動機づけをする。
第2時	② インターネットなどを通して『環境に悪い』とした企業等の情報を調べ、実際はどうなのか鋭い質問ができるように準備する。	十分な下調べをして、「○○には～のように書いてあったのですが…」というように根拠をあげて質問できるようにする。
第3時	③ FOMAのテレビ電話を使い企業に取材をする。（前半2社）	ひとつの質問からさらにつっこんでインタビューできるようにする。
第4時	④ FOMAのテレビ電話を使い企業に取材をする。（後半2社）さらに、取材のまとめや感想を伝え合う。	取材の結果から、「環境に悪い」とイメージしていた製品でも、作っている企業の人は環境に負荷を与えないよう取り組んでいて、さらに未来の技術を開発しようとしていることを知ることができるようにする。

各企業担当者より

株式会社 NTTドコモ

　この度の未来授業では、子どもたちが活発に質問する姿を見ることができ、私共のFOMAが子どもたちの教育現場にひとつの可能性をご提供できたかと思うと嬉しく思います。今後も様々な教育の現場で取り入れていただければ幸いですし、私共も積極的にご協力ができればと感じております。

千葉支店　法人営業部　高橋寛之

株式会社 イトーキ

　実際の企業活動実践の場から学校という教育の場にダイレクトに、しかもリアルタイムに説明し、問いかけた今回の試みは非常にユニークな教育活動の一側面となり得るやり方であると感じました。但し活用機器の精度と手法については、まだまだ研究の余地が沢山有るな！とも同時に感じました。

広報部　中山和明

JR東日本

　当社の環境への取り組みについて、離れた場所からでありながらも、生徒さんと率直なコミュニケーションがとれたのは貴重な経験でした。
　弊社では、小中学生向けに、地球環境に関する知識とJR東日本の取り組みを伝える冊子を作成し、お配りしています。ご利用ください。

総合企画本部　経営管理部
環境経営グループ　押谷　省吾

FOMAのテレビ電話を使って取材しよう！

富士通株式会社

　今回、はじめてこのような授業へ参加させていただき良い経験になりました。ありがとうございます。当日は、ほんとうに我々のメッセージが上手く届くか心配でしたが、皆さんのこの授業に取り組む元気な様子が携帯電話のモニタからもこちらに伝わり実況中継さながらの授業ができましたね。今後も、このような新しい"かたち"での授業へ参加できればと思います。

環境本部　吉川三男

本田技研工業株式会社

　私たち大人の世代は、今以上に環境を改善しようと、製品の改良や工場などで懸命に取り組んでいます。学生の皆さんも日常生活のちょっとした心がけや環境への意識をもって、大人も子どもも企業も学生も一緒になって環境改善に取り組んでいけたらと思います。
　また、この非常に素晴らしいテレビ電話システムのさらなる熟成を願っています。

環境安全企画室　山下　宏

授業の実際

T:教師（授業者）　C:子ども　企:企業担当者
ボ:学習支援ボランティア

学習活動	支援・留意点
第1時　環境に悪いってどういうこと？	
T:環境に悪いことってどんなことだと思いますか？ C:自動車の排出ガス。／紙の無駄遣い、森林伐採。 T:それらを主な原因はどこあると思う？ C:企業かな？ T:確かに、企業は排出ガスを出す車を作ったり、森林をたくさん伐採しているね。でも、それだけかな？　これから、みんなにそこのところを実際に企業にインタビューして調べてもらいます。 C:えー。 T:なんとなく環境に悪いことをしているようだけど、実際はどうなのか？例えば、先程の自動車の排出ガスが環境に悪いと思った班は、自動車の排出ガスについて自動車会社はどんな取り組みをしているのか聞いてみるというように、各班で話し合って、テーマをひとつ決めてインタビュー先の会社も決定してください。今回のインタビューは，FOMAのテレビ電話を使って企業と学校との中継でやります。 ──班の相談(抜粋)── C:どこにしようか？／森林伐採とか環境に悪そうだよね。／じゃ、家具会社にインタビューしてみようか？ T:ここは家具会社インタビューするんだね。じゃ、家具会社と森林伐採の関係について調べようか。 C:切符って大量に使われているから、環	「企業は悪者」というイメージだけでなく、企業の環境への取り組みにも目を向けさせる。

学習活動	支援・留意点
境に悪いかも。／そうだよね。たくさん使われているもんね。／じゃ、JRに聞いてみようか？ ▶6つの班が、相談の結果、自動車会社（2班）、パソコン会社（2班）、家具会社、JR東日本にインタビューすることに決めた。各班の決定を企業教育研究会スタッフが協力していただけるよう企業に依頼交渉をする。	

第2時　インターネットで下調べ

▶班ごとに、インターネットを利用して、下調べをする。各社のホームページや関連するサイトを調べ、インタビューする内容をまとめる。	👉 ホームページ上での情報をふまえた上で、インタビュー内容を考える。 👉 情報を批判的に検討することも大切。

第3時　FOMAでインタビュー　①

T：それでは、FOMAのテレビ電話を使ったインタビューを始めましょう。 本田技研工業 ➡ ハイブリッドカー C：私たちは、本田技研工業にハイブリッドカーについてインタビューします。 T：では，本田にいる松本さ～ん。 ボ：はい、こちら松本です。担当者の山下さんを紹介します。 企：山下です。よろしくお願いします。 T：よろしくお願いします。 C：私たちは排出ガスは環境に悪いと思い、調べてきました。でも、調べるうちに自動車会社は、排出ガスをあまり出さない車も開発していて、そのハイブリッドカーが電気とガソリンで走る車であることはわかりました。そこで、質問があります。	👉 本実践では、学習ボランティアがインタビューの手伝いをした。 👉 インタビューの練習は、本書掲載の「つっこみインタビュー」のコツを身につけよう！を参照。 👉 事前にここまで調べたということを伝え、質問を明確にする。

学習活動	支援・留意点
C:ハイブリッドカーは、普通の車と比べてどれくらい排出ガスを出さないのですか？ 企:自動車から排出されるものは、大きく分けて大気汚染に関係するものと、地球温暖化に関係するものがあります。ハイブリッドカーは、主に地球温暖化に対応するために作られた自動車です。もちろん大気汚染にも気を配っていますよ。ハイブリッドカーは、モーターの力でエンジンの負担を軽減し、燃費を大幅に向上させています。ホンダのインサイトは，運転の仕方にもよりますが、普通の車に比べて同じガソリンでも約2倍の距離を走ることができます。 C:ハイブリッドカーが、環境問題に対して一番有効な車なのですか？ 企:ハイブリッドカーのほかにも燃料電池車という車もあります。これは、酸素と水素を反応させて走るので、排出ガスが出ません。しかし、まだまだ実用化が難しいので、地球温暖化の抑制のためには、当面ハイブリッドカーが一番有効な自動車であると思います。 C:ありがとうございました。 ▶この後、他のグループが燃料電池車について質問をした。 富士通 ➡ パソコンのリサイクル T:では次のグループ、お願いします。 C:私たちは富士通にパソコンのリサイクルについてインタビューします。 T:では、富士通にいる森坂さ～ん。 ボ:は～い。こちら森坂です。担当者の吉川さんを紹介します。 企:みなさん、よろしくお願いします。	☞ その場でつっこみの質問が思いつかない場合は、作戦タイムの時間をとって考えさせる。

FOMAのテレビ電話を使って取材しよう！

学習活動	支援・留意点
C：よろしくお願いします。 C：私たちは、パソコンのリサイクルについて調べました。 T：インターネットなどで調べたところ、富士通では、全国5箇所のリサイクルセンターがあるようですが、北海道だけありません。北海道のリサイクルはどこでおこなっているのですか？ 企：北海道の製品は、宮城県まで運び、仙台の東日本リサイクルセンターでおこなっています。 C：リサイクルセンターではどのくらいの量を回収しているのですか？ C：2002年で、12,380tです。そのうち約84％を再利用しています。 C：リサイクルできない部分はどうしているのですか？ 企：どうしてもリサイクルできないところは、焼却・埋立をしています。でも、なるべくリサイクルしやすいように、環境に負荷を与えないように取り組んでいます。例えば、ノートパソコンにとうもろこしを原料とする「植物系素材のプラスチック」を使用したりしています。これは、植物を原料としていますので、廃棄されても自然に同化しますし、焼却されても有害物質を出しません。 C：それはノートパソコンのどこに使われているのですか？ 企：今は本体の部品の一部ですが、2004年にはもっと多くのところに採用する予定です。 C：ありがとうございました。 ▶この後、他のグループがパソコンのリサイクル料金と不法投棄の関係について質問した。	👆 根拠を示しながら質問する ⬆植物系素材を活用したパソコン試作機

141

学習活動	支援・留意点
第4時　　FOMAでインタビュー　②	

イトーキ ➡ 家具のリサイクル

C：私たちはイトーキに家具のリサイクルと森林伐採についてインタビューします。

T：では、イトーキにいる中島さ〜ん。

ボ：はい、こちら中島です。インタビューに答えてくださる中山さんです。

企：中山です。よろしくお願いします。

C：よろしくお願いします。さっそく質問です。私たちは森林伐採について調べていますが、大量に家具を作るための森林伐採は環境に影響はないのですか？

G：はい、現在イトーキが一部の家具に使用している木材は間伐といって、木の成長を促進するために伐採された木を使っています。ですから、たくさん木を切ったからすぐに環境に悪影響が出るという事にはなりません。

C：でも、いつか木はなくなってしまうのではないですか？

G：はい、そのとおりです。ですから我々は、現在アグリファニチャーという製品の開発を進めています。

C：アグリファニチャーとは何ですか？

G：アグリファニチャーとは、木ではなく、大豆の絞りかすやひまわりの種などの従来捨てていたものを家具の原材料として使うことです。大豆の絞りかすやひまわりの種などを活用して、テーブルや椅子を作る技術を開発しています。でも、今はまだコストの面で問題が多く、懸命に開発しているところです。

C：ありがとうございました。

FOMAのテレビ電話を使って取材しよう！

学習活動	支援・留意点
JR東日本 ➡ 切符のリサイクル C:私達は、JR東日本に切符のリサイクルについて取材します。 T:JR東日本にいる高橋さ～ん。 ボ:はい、こちらJR東日本にお邪魔している高橋です。インタビューを受けてくださる押谷さんです。を紹介します。 企:押谷です。よろしくお願いします。 C:お願いします。 C:私たちは切符が大量に使われていると環境に悪いのではないかと思い、調べました。そこで、使われた切符はトイレットペーパーになるということがわかったのですが、そこで質問です。 C:切符何枚でトイレットペーパーになるのですか？ 企:切符は約750枚でトイレットペーパー1個になります。 C:切符をリサイクルすると、逆にコストがかかって環境にわるいということはありませんか？ 企:今は、磁気の部分と紙の部分を分離するシステムがありますので、それほどコストがかからずにリサイクルできます。 C:リサイクルする時に気をつけていることはありますか？ 企:リサイクルは、専門の業者に任せることが多いですが、我々はその業者がきちんとリサイクルしているかどうかもきちんと把握するようにしています。信頼できる業者を選んで、任せるというのも我々の仕事だと思っています。 C:ありがとうございました。	

学習活動	支援・留意点
まとめ T：どうだったかな？ C：企業の人は、今まで環境に悪い製品を作っていると思っていたけど、きちんと環境を考えた製品づくりをしているんだなぁと思いました。 C：今はまだ、実用化されていないけど、未来の技術があれば環境問題も改善されるのではないかと思いました。 T：そうですね、企業の人たちも懸命に環境のことを考えているんですね。そして、自分たちの技術で環境に負荷を与えないようにしようとしているんですね。	

※授業写真は、小学校での実践のものです。

授業者からのメッセージ

　本授業ではFOMAのテレビ電話を使い、企業に取材をおこなった。FOMAは、従来までのパソコンを使ったテレビ会議とは違い、ソフトウエアの一致やIPアドレス取得などの面倒な作業がいらず、普段、携帯電話をかけるようにテレビ電話を楽しむことができる。パソコンについて詳しくない方も手軽に使えるので、ぜひとも次代の情報教育を支えるツールのひとつとして活用していただきたい。

　また、本授業では教育学部の学生が学習支援ボランティアを務めた。企業等と連携する際には、教師と子どもだけでは難しい場合もある。そんなときにはぜひとも教育を学ぶ大学生にサポートを依頼してみてはどうだろうか。学生にとっても貴重な実践の場を経験できる良い機会になるはずである。

　これからの環境問題は、技術面の進歩が解決策のひとつになりうる。「企業は悪者」というイメージだけでなく、企業の環境への取り組み、環境問題を解決する技術面の取り組みにも目を向けていただきたい。

塩田真吾

Corporation

協力企業紹介
(50音順)

アサツー ディ・ケイ（ADK）

商　　号	株式会社アサツー ディ・ケイ
本　　社	東京都中央区築地一丁目13番１号
資 本 金	37,581,366,100円
代表取締役	長沼孝一郎
創　　業	昭和31年３月
事業内容	広告代理業
ホームページ	http://www.adk.jp

教育貢献の活動や今後の取り組み等

これまでに小学生の自主研究課題に対して対応したり、地方の中学生の修学旅行研修に対応したことはある。あくまでも、支社の営業支援の一環であったり、得意先の要請によるので、主体的に教育というものに関わっていくまでには至っていないのが実情だ。ただ広告代理店という業態はイメージと実態に大きな乖離があるので、こういう機会は理解促進の好機として捉えている。また個人の個性というものや独自性というものを大切な資産としている仕事であるため、個性尊重やユニークネスと言う観点では少しは役立てるかとは自負している。

連絡先：広報室　webmaster@adk.jp

株式会社　イトーキ

商　　　号	株式会社イトーキ（ITOKI CO.,LTD.）
本社所在地	大阪市中央区淡路町1－6－11
資　本　金	99億8百万円
代表取締役社長	奥田　努
創　　　業	明治23年12月1日
事業内容	オフィス家具・設備機器販売、保守サービス事業
ホームページ	http://www.itoki.co.jp/

イトーキの企業姿勢とその取り組み

人が主役の環境づくりをさまざまな面から総合的に支援する企業、それがイトーキです。そしてその中核にある基本的な思想は①全ての人が利用しやすい製品や環境をつくるユニバーサルデザイン（Ud）と②地球環境に配慮した製品やサービスを提供するエコデザイン（Eco）の2つのコンセプトから構成されています。又この2つの側面は生活の質を高めながら周囲の環境や人との係りも最適に考えていく、正に未来に欠くことのできない必要条件ともなっています。更にイトーキは、これらを別々に捉えるのではなく、一つに融合して捉えていく姿勢を「ユーデコスタイル（Ud&Eco　style）」と言う概念の元に標榜・実践しています。一方、このような基本コンセプトを企業活動の中核に据える我が社にとっては、その思想なり考え方をあらゆる場と機会を捉えて普及・啓蒙していかなくてはならない使命もあります。教育と言う場においても例外ではありません。今回のご協力は、その取り組みの一環として捉え、チャレンジしてみました。

連絡先：株式会社イトーキ　広報部　TEL 03－5566－7021

株式会社　エヌ・ティ・ティ・ドコモ

商　　　号	株式会社　エヌ・ティ・ティ・ドコモ（NTTドコモ）
本社所在地	東京都千代田区永田町2丁目11番1号
資　本　金	949,679百万円（2003年3月末現在）
代表取締役社長	立川　敬二
営　業　開　始	1992年7月
事業内容	携帯電話事業、PHS事業、クイックキャスト事業
ホームページ	http://www.nttdocomo.co.jp

NTTドコモの社会貢献活動

　NTTドコモは、教育支援・国際貢献・芸術と文化・スポーツ活動・社会福祉・ボランティア活動など、さまざまな社会貢献活動を行っています。なかでも、子どもの教育に関しては重点活動領域のひとつと位置付け、社会力向上支援・マルチメディア教育・情報リテラシー向上支援に取り組んでおります。また、日本だけでなく、タイでの学校建設支援や中国の大学における「ドコモ講座」の設置、海外研修生の受入れ等、世界各国において情報技術支援や教育への支援に取り組んでおります。

　今回の試みでは、実際に弊社のFOMAテレビ電話機能を活かし、離れた場所にいる方と質疑応答をしていただきました。初めての授業形態で不安はありましたが、学校教育のひとつの未来の形を描くことができたのではないかと感じております。

　今後もNTTドコモは、こうした地域と一体となった社会貢献活動を継続的に実施していくことにより、豊かな社会の実現を目指してまいります。

　　連絡先：㈱NTTドコモ 千葉支店 法人営業部　TEL 043-301-0175

株式会社　エフティ資生堂

商　　　号	株式会社　エフティ資生堂
本社所在地	東京都港区東新橋1丁目6番2号
資　本　金	1億1千万円
代表取締役社長	野口　正（ノグチ　タダシ）
創　　　業	平成15年10月1日
事業内容	石鹸、ヘアケア製品、コスメ製品、生理用品、剃刀などのトイレタリー製品の製造、販売および、これに付帯する事業
ホームページ	http://www.ft-shiseido.co.jp/

資生堂の環境への取り組み

　資生堂の化粧品の「ものづくり」の基本には、「美しい生き方」をお手伝いしていきたいという思想があります。そして、人の「美と健やかさ」を追求することは同時に、地球環境の「美と健やかさ」を守ることでもあると、資生堂は考えます。地球環境の「美」を追求することは、その構成する一員であるわたしたちの「美」を追求することにつながります。地球と社会の「共生」、こうした考えを掲げて、資生堂は今までにも環境への対応に力を入れてきました。

　1997年度より、年度毎の環境活動をまとめた『環境報告書』を発行してきましたが、これまでの環境報告に加えて、経済活動や社会貢献活動、男女共同参画社会に対する取り組みなど、企業の社会的責任に対する考え方や活動の紹介についても掲載内容を拡充し、タイトルを『2003年　サステナビリティレポート』（社会・環境報告書）へ改称し、社会に対して積極的な活動を行っております。

キヤノン販売株式会社

商　　号	キヤノン販売株式会社
本社所在地	東京都港区港南2-16-6
資　本　金	733億308万円
取締役社長	村瀬治男
創　　業	1968年2月1日
事業内容	キヤノン製品の国内販売とそれに付帯する業務
ホームページ	http://Canon.jp

社会・文化支援活動への取り組み

　企業は事業を通した利益の追求とステークホルダーへの利益の還元以外に、社会的責任を果たすことが必要です。現在弊社では文化やスポーツ、教育等に支援活動を展開していますが、今後も企業市民として地域社会や自然環境に対してより良い関係をつくり、問題解決に取り組んでいきたいと考えます。

ダイハツ工業株式会社

商　　号	ダイハツ工業株式会社（DAIHATSU MOTOR CO.,LTD.）
本社所在地	大阪府池田市ダイハツ町1番1号
資　本　金	284億434万円
取締役社長	山田 隆哉
創　　業	明治40年（1907年）3月1日
事業内容	自動車製造など
ホームページ	http://www.daihatsu.co.jp

教育貢献の活動や今後の取り組み等

　社会とともに歩む企業にとって、社会貢献活動は必要不可欠であると考えています。

　特に、教育面での貢献（協力・対応）としましては、従来から、小学校5年生の社会見学に連動して、自動車の生産ラインを見学いただく「工場見学」を継続して受け入れています。小学生に加えて、中学生、高校生の校外学習、あるいは修学旅行での見学受入れなど、幅広い対応をしております。

　また、最近では、工場の環境問題やその対策をダイハツの環境担当者から直接学ぶことができる「子供環境塾」を、夏休みを利用して開催しています。排水処理やリサイクル処理などの取り組みを通して、子供たちが資源の大切さを学ぶ貴重な体験の場となっています。

　当社では、今後とも、こうした活動を積極的に行って、社会の一員としての責任を果たしていきたいと考えています。

　　　　連絡先：ダイハツ工業㈱　広報・渉外部　TEL 072-754-3048

日本電気株式会社（NEC）

商　　　号	日本電気株式会社
本社所在地	東京都港区芝五丁目7番1号
資　本　金	3,300億円（平成15年12月末現在）
代表取締役社長	金杉明信
創　　　業	1899年（明治32年）7月17日
事業内容	ITソリューション事業、ネットワークソリューション事業、エレクトロンデバイス事業 （半導体ソリューション、およびその他デバイス事業）
ホームページ	http://www.nec.co.jp/

NECの社会貢献活動と「授業協力プロジェクト」

　NECは「豊かな社会の実現に貢献したい」という企業理念のもと、良き企業市民として社会的責任の一環を果たすため、地域社会（コミュニティ）をはじめとするすべてのステークホルダー（企業をとりまく関係者）の利益と発展を考慮したさまざまな社会貢献活動をグローバルに展開しています。

　"Nature（自然と環境）・Education（教育）・Community（コミュニティ）：The Heart of NEC"のスローガンの下に、●地球環境保全 ●青少年教育 ●社会福祉 ●芸術・文化・スポーツの4つの分野において、環境・教育・コミュニティに重点を置いたさまざまなプログラムを推進しています。

　今回実施した「福祉とコンピュータ ～技術で創るバリアフリー社会～」というテーマの授業協力プロジェクトは、NEC社員が教育の現場へ赴き、事業活動における製品や専門性（スキルやノウハウ）を活かした教育貢献活動として初めての試みでしたが、NPO法人企業教育研究会とのパートナーシップにより、社内リソース（社員・製品）を有効に活用した意義のある社会貢献活動を実施することができました。

担当：NEC　社会貢献部　TEL 03-3798-9555

有限会社　PTP

商　　号	有限会社　ピー・ティー・ピー
本社所在地	東京都大田区西六郷4丁目37番7号
資　本　金	資本金：300万円
取締役社長	福嶋輝彦
創　　業	創業2001年8月
事業内容	環境・エネルギー教育プログラムの作成・実施、教材開発、環境イベントの企画・制作
ホームページ	http://www.ptpxp.org/

教育貢献の活動や今後の取り組み等

　環境やエネルギーについて子どもから大人まで楽しんで参加できるエコエネスクールや各種ワークショップを提案し、全国の学校や地域にスタッフが伺い、企画から準備、制作から実施までのお手伝いをしております。
　自転車発電機、手作り風力発電、炭を使った発電機等々、様々な機器を使用し、カラダで体験して頂きながら、環境やエネルギーの学習ができるプログラム内容となっております。
　また、現在行われている最先端の技術革新をわかりやすく説明し、環境エネルギー問題の解決に向けた方策もプログラムに取り込んでおります。情報通信を使用して全国の学校を結び、共同で環境の事を学習できるネットワークの構築や、演劇や美術等の表現を環境学習に活用するプログラムの開発も行っております。今後は、自然環境エネルギー学校を創設し、循環型地域の創出に向けた実践への取り組みも行っていきます。

連絡先：㈲PTP　TEL 03-5710-4410

東日本旅客鉄道株式会社（JR東日本）

商　　　号	東日本旅客鉄道株式会社
本社所在地	東京都渋谷区代々木2丁目2番2号
資　本　金	2000億円
取締役社長	大塚　陸毅
創　　　業	昭和62年4月1日
事業内容	運輸業、駅スペース活用事業、ショッピング・オフィス事業、その他事業
ホームページ	http://www.jreast.co.jp

当社の環境への取り組みについて

　鉄道は一人あたりのCO_2排出量が少ないなど環境に優しい乗り物といわれていますが、さらにその優位性を高めるため、JR東日本では「エコロジー推進委員会」を設置し、具体的な数値目標を定めて、全社的な環境保全の取り組みを進めています。

　地球温暖化を防止するため、従来の約半分の電力で走れる省エネ車両の導入を進めているほか、ハイブリッド鉄道車両の開発など技術開発も積極的に行っています。また、廃棄物の再資源化についても、JR東日本グループが一体となって取り組んでおり、例えば駅や列車で収集したゴミのリサイクル率は37％まで向上しています。

　今後も、事業の特性を踏まえた活動により、環境保全と事業活動の両立を目指した取り組みを続けていきます。

連絡先： 経営管理部環境経営グループ　03－5334－1122　eco@jreast.co.jp

富士通株式会社

商　　号	富士通株式会社（FUJITSU　LIMITED）
本社所在地	東京都港区東新橋1-5-2 汐留シティセンター
資　本　金	3,246億円（2004年1月末）
取締役社長	黒川　博昭（くろかわ　ひろあき）
創　　業	1935年（昭和10年）6月20日
事業内容	通信システム、情報処理システムおよび電子デバイスの製造・販売ならびにこれらに関するサービスの提供
ホームページ	http://jp.fujitsu.com/

教育分野への社会貢献活動や今後の取り組み等

　富士通では、IT企業としてその持てるテクノロジーと創造力を活かし、社会の持続可能な発展への貢献や豊かな自然を次の世代に残すことを「**環境方針**」の理念として掲げています。今回は、教育分野における社会貢献活動の一環として参加させていただきました。携帯電話という身近な通信機器を使っての授業は今後の普及を後押しするものと認識しております。当日は、質問をする中学生の活き活きとした笑顔が印象的でした。また、企業教育研究会メンバー様の熱心な説明や当日の細やかな対応も非常に我々を安心させてくれる要因のひとつであったと思います。

　最近では小中学校等の教育機関へ「企業の環境に関する取り組み」についてご紹介させていただく授業も徐々にではありますが、ご要望として増えてきています。今回のような、携帯電話を使った授業という試みは、リアルタイムで且つ場所を限定しないため、今後ともぜひ、このような新しい取り組みに積極的に参加させていただければと思っております。

　　　　　連絡先：富士通㈱　環境本部　SD企画室　TEL 044-754-3413

本田技研工業株式会社

本社所在地	東京都港区南青山2-1-1
資　本　金	860億円（2003年9月現在）
取締役社長	福井　威夫
創　　業	1948年9月
主要　製品	二輪車、四輪車、汎用製品
ホームページ	http://www.honda.co.jp/

環境への取り組み

　Hondaは早くから時代ごとの環境課題に積極的な取り組みを展開してきました。また、環境保全への気運が高まり、取り組みが世界的に加速した1990年代、段階的に対応組織・体制を整備し、環境対応への考え方を明文化した「Honda 環境宣言」を行動指針として活動の充実をはかってきました。

　そして21世紀、Hondaは地球環境に対して万全の配慮を行いながら、「喜びを次世代へ」を合い言葉に、取り組みを加速させています。さらに、地域の方々や、世界中のお客様との積極的なコミュニケーションをはかることで喜びを共にわかち合い、より多くの方々から存在を期待される企業になることを目指しています。

株式会社　明治屋

商　　号	株式会社　明治屋（MEIDI-YA）
本社所在地	東京都中央区京橋2丁目2番8号
資　本　金	2億　7000万円
取締役社長	磯　野　計　一
創　　業	明治18年10月
事業内容	食品・酒類他、販売・製造・輸出入業
ホームページ	http://www.meidi-ya.co.jp

教育貢献の活動や今後の取り組み等

　企業の社会貢献は、企業に課せられた責任・使命だと考えております。その形態は種々雑多であり、商品やサービスを通じて、生活、文化や社会の向上・発展に貢献し、企業を存続させ、税金を納め、かつ雇用を維持するのもその一つであります。また社会を構成する一員として、日々の企業活動の中で、社会と共存し、地域社会への貢献活動や環境保全への取り組みを行うことも企業にとって重要な事だと思います。

　今回の試みは、明治屋にとっても初めての授業参加という教育貢献であり、当初は成功するかどうか不安でしたが、企業教育研究会メンバーの熱意や真摯な態度を感じるうちにその不安もかき消されました。その後、授業のなかでの小学生の活発な活き活きとした姿や後日の鋭い質問もあり、どうにか教育貢献の一翼を担えたかと思います。

　今後も明治屋として、教育貢献は企業の社会貢献の重要な柱としてとらえ、積極的に参画していきたいと思っております。

連絡先：㈱明治屋　本社　総合企画室　TEL 03-3271-1185

編著者紹介

藤川 大祐（ふじかわ・だいすけ）

1965年東京生まれ、
東京大学大学院博士課程、金城学院大学助教授等を経て、
2001年より千葉大学教育学部助教授
　　　（教育方法学、授業実践開発）

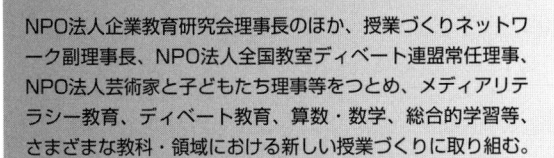

NPO法人企業教育研究会理事長のほか、授業づくりネットワーク副理事長、NPO法人全国教室ディベート連盟常任理事、NPO法人芸術家と子どもたち理事等をつとめ、メディアリテラシー教育、ディベート教育、算数・数学、総合的学習等、さまざまな教科・領域における新しい授業づくりに取り組む。

主な著書
『ディベートで学校はよみがえる』
『メディアリテラシー教育の実践事例集』
『授業分析の基礎技術』
　　　　　（以上、学事出版）
『インターネットで総合学習』
　　　　　（全5巻、あかね書房）
　　　　　　　　　　　　　他

〈執筆者〉

NPO法人企業教育研究会
　副理事長　塩田　真吾
　　　　　　石井　和恵
　　　　　　田村　亜季子
　　　　　　中島　隆洋
　　　　　　松本　真奈
　　　　　　森坂　悠紀
　写真協力　大髙　健

本書掲載の授業または、授業の実施については、NPO法人 企業教育研究会にご相談ください。
　　　　E-mail　　　ace@titan.ocn.ne.jp
　　　　TEL & FAX　043-253-7524
　　　　ホームページ　http://www5.ocn.ne.jp/~ace-info/

学力向上アクションプラン
「NPO等と学校教育との連携のあり方」の実践研究

「確かな学力」が育つ
企業とつくる授業
アイデアと実践事例・すぐ取り組めるワークシートつき

2004年4月1日 初版 第1刷

編 者	藤川 大祐
著 者	NPO法人 企業教育研究会
デザイン	清見 健一
編 集	佐久間 逸子
発行人	森 重治
発行所	株式会社 教育同人社

〒170-0013 東京都豊島区東池袋4—28—9
TEL 03 (3971) 5151

印刷・製本所　東京書籍印刷株式会社
© 2004　NPO法人 企業教育研究会
Printed in Japan　ISBN4-87384-100-3